A MENSAGEM DA LIDERANÇA

A MENSAGEM DA
LIDERANÇA

31 verdades reveladoras extraídas
de Provérbios

DANIEL SOUTHERN

Texto de A Mensagem , de:

EUGENE H. PETERSON

EDITORA VIDA
Rua Isidro Tinoco, 70 Tatuapé
CEP 03316-010 São Paulo, SP
Tel.: 0 xx 11 2618 7000
Fax: 0 xx 11 2618 7030
www.editoravida.com.br

©2007, David Southern & Eugene Peterson
Título do original
The Message of Leadership
Copyright da edição brasileira ©2012, Editora Vida
Edição publicada com permissão de
NavPress, uma divisão de The Navigators, USA
(Colorado Springs, Colorado, EUA)

■

Todos os direitos em língua portuguesa
reservados por Editora Vida.

Proibida a reprodução por quaisquer meios,
salvo em breves citações, com indicação da fonte.

■

Editor responsável: Marcelo Smargiasse
Editor-assistente: Gisele Romão da Cruz Santiago
Editor de qualidade e estilo: Sônia Freire Lula Almeida
Tradução: Carlos Caldas
Revisão de tradução: Josemar de Souza Pinto
Revisão de provas: Sônia Freire Lula Almeida
Projeto gráfico e diagramação: Claudia Fatel Lino
Capa: Arte Peniel

Scripture quotations taken from Bíblia
Sagrada, Nova Versão Internacional, NVI®
Copyright ©1993, 2000 by International Bible Society®.
Used by permission IBS-STL U.S.
All rights reserved worldwide.
Edição publicada por Editora Vida,
salvo indicação em contrário.

Todas as citações bíblicas e de terceiros foram adaptadas
segundo o Acordo Ortográfico da Língua Portuguesa,
assinado em 1990, em vigor desde janeiro de 2009.

1. edição: jun. 2011

Dados Internacionais de Catalogação na Publicação (CIP)
(Câmara Brasileira do Livro, SP, Brasil)

Southern, Daniel
  A mensagem da liderança: 31 verdades reveladoras extraídas de Provérbios / Daniel Southern; texto de A Mensagem de Eugene H. Peterson; [traduzido por Carlos Caldas]. — São Paulo: Editora Vida, 2012.

  Título original: *The Message of Leadership: 31 Essential Insights from Proverbs.*
  ISBN 978-85-383-0240-7

  1. Bíblia. A.T. Provérbios — Crítica e interpretação 2. Liderança — Ensino Bíblico I. Peterson, Eugene H. II. Título.

12-02448   CDD-223.7

Índices para catálogo sistemático:
  1. Livro dos Provérbios : Antigo Testamento : Bíblia : Interpretação e crítica 223.7

DEDICATÓRIA

Este devocionário é dedicado aos que pacientemente me ensinaram durante toda uma vida por meio de relacionamentos amorosos. A minha mãe, Elizabeth; meu pai, Robert; meu irmão, Phil; meu filho, Adam; minha filha, Tyler; e principalmente minha esposa, Lori, pois sem ela eu não poderia realizar nada que seja digno. Lori, você é o fundamento da minha vida.

Quero também prestar reconhecimento aos que me têm mentoreado durante os anos: meu tio Wayne Cummins, John Dillon, Sterling Huston, Charlie Riggs e Charles Ryrie. Agradeço a vocês por investirem em minha vida de modo tão desinteressado.

Agradeço a cada um de vocês.

Daniel Southern

SUMÁRIO

INTRODUÇÃO 9

1. Caminhe antes de correr 12
2. Coisas pequenas são importantes 14
3. Quem vem primeiro?......................................16
4. O coração da matéria 18
5. Mantendo um lar firme...................................20
6. Com pneu furado na via expressa...................22
7. Ela vai roubar seu coração 24
8. A rua onde você mora 26
9. Por que você está aqui?.................................28
10. Isso vai afundar sua vida 30
11. Conseguindo o que você precisa....................32
12. Gosto amargo na boca..................................34
13. Sejamos verdadeiros.....................................36
14. O último a deixar você cair 38
15. O caminho para cima.....................................40
16. Se eu soubesse naquela época o que eu sei hoje............42
17. O rei das virtudes 44
18. Fugindo do inferno 46
19. Nunca desista! 48
20. Lidando com a raiva 50
21. Vivendo plenamente......................................52

22	Pare. Veja. Ouça.	54
23	A dor dos reis	56
24	As correntes de Marley	58
25	Marcando pontos	60
26	Um pedaço do céu	62
27	O amor fere	64
28	Pouco com Deus é muito	66
29	Não consigo chegar lá	68
30	Dois cegos	70
31	Uma descrição perfeita de liderança	72

O LIVRO DE PROVÉRBIOS 75
VERDADES REVELADORAS 143
ÍNDICE DE ASSUNTOS 147
SOBRE OS AUTORES 149

INTRODUÇÃO

Esta obra é dirigida aos que lideram ou desejam fazê-lo. Há líderes de todos os tipos. Tenho 1,98 metro e fui atleta no tempo de faculdade. Por isso, simplesmente por causa da minha estatura, sempre recebi posições de liderança. Mas a liderança não tem nada a ver com nossas aptidões físicas. O pequenino Napoleão que o diga. A liderança também não está relacionada a posição social ou inteligência, ainda que tudo isso seja útil para uma liderança eficiente.

A liderança vem de dentro de nós e é algo difícil de ser plenamente explicado. É mais fácil definir a liderança pelo que não é do que pelo que é. Líderes *não* são passivos, *não* desistem facilmente, *não* se intimidam facilmente com as circunstâncias. Ao desatar alguns dos "nós" da liderança, cheguei à conclusão que liderança é basicamente um estado da mente.

Você pode pensar que não é um líder — eu nunca pensei isso a meu respeito. Eu apenas sabia quando havia algo que precisava ser feito. Eu não esperava que alguém se levantasse e o fizesse. Os líderes podem ser egoístas, egocêntricos, construtores de impérios, ou podem ser servos e solucionadores de problemas. Pode ser que líderes sejam um pouco de tudo que foi dito antes — e ainda mais. Depende de cada um de nós escolher que tipo de líder queremos ser.

Tenho sido abençoado por uma variedade de experiências que moldaram minha compreensão de liderança. Já me encontrei com presidentes, mas também almocei com sem-teto em albergues. Já viajei o mundo, mas também dei consultoria a uma pequena liga de futebol americano na minha cidade natal. Já liderei grandes empreendimentos, mas também guardei as cadeiras depois de um culto na igreja. Vou comentar sobre essas experiências para tentar compartilhar com você as lições que aprendi.

Ainda que seja difícil definir liderança, creio que somos guiados em seu caminho. Essa orientação vem do antigo livro de Provérbios. Minha iniciação em liderança aconteceu cerca de três décadas atrás, quando fui trabalhar para Billy Graham. Depois de quase vinte anos com Billy Graham, fui iniciado em outro aspecto da liderança. Na última década, liderei um ministério cristão histórico que tem como alvo apresentar a mensagem cristã a todos que estejam desejosos de encontrar Deus. Na American Tract Society (www.ATStracts.org), desenvolvemos recursos por cerca de cento e oitenta anos para que todos possam entender o evangelho cristão. Nosso desafio hoje é fazê-lo de modo eficiente e relevante.

Não estou certo quanto ao que virá, mas sei com certeza que as energias e o propósito da minha vida devem continuar tendo como foco conhecer Deus melhor e ajudar outros a que façam o mesmo.

O mercado está cheio de livros a respeito de liderança. Hesitei um bom tempo em escrever este livro porque desejava algo que fosse uma contribuição genuína à vida dos leitores, não algo que seria deixado de lado após uma primeira leitura, mas para o qual pudessem retornar de tempos em tempos, por ser uma ferramenta valiosa. Este pequeno livro é uma tentativa de exercer um ministério dessa natureza na sua vida.

Minha abordagem será compartilhar com você porções de Provérbios e verdades reveladoras para cada dia do mês. Minha esperança é que isso o leve a pensar mais profundamente a respeito da obra de Deus na sua vida como líder. Uma das disciplinas mais benéficas que descobri ao longo dos anos é ler e reler a sabedoria antiga de Provérbios. Como são 31 capítulos, o livro foi planejado para ser lido um capítulo por dia e depois recomeçar, para obtenção de entendimento maior de seus ensinos, mês após mês, ano após ano.

Minha oração é que este livro fale ao seu coração toda vez que você o abrir.

Daniel Southern

1 Caminhe antes de correr

Senhores, isto é um jogo de futebol.[1]
— Vince Lombardi

Provérbios 1.1-9

Estas são as palavras sábias de Salomão,
    filho de Davi, rei de Israel,
Escritas para nos ensinar a viver de modo bom e justo,
    para entendermos o verdadeiro sentido da vida.
É um manual para a vida,
    para aprendermos o que é certo, justo e honesto;
Parar ensinar aos inexperientes como a vida é,
    dar aos jovens uma compreensão da realidade.
Há aqui também lições até para quem é vivido,
    e ensino para os mais experientes —
Mais sabedoria para examinar e compreender profundamente
    a própria vida, provérbios e palavras sábias.
Tudo começa com o Eterno — ele é a chave de tudo!
    Todo conhecimento e entendimento vêm dele!
Só os ignorantes esnobam tal sabedoria.
Preste muita atenção, amigo, ao que seu pai diz
    e nunca se esqueça do que aprendeu desde o colo da sua mãe.
Use seus conselhos como coroa na cabeça
    em sinal de orgulho, dignidade e honra.

---

[1] Na verdade, trata-se do esporte conhecido no Brasil como "futebol americano", bastante diferente do futebol propriamente praticado em todo o mundo. [N. do T.]

O técnico Vince Lombardi era conhecido por manter seu time focado nos objetivos do jogo. E você? Você tem compreensão clara quanto aos fundamentos do jogo da vida? Sabe pelo menos em que jogo está? A vida na verdade não é um jogo; de fato, é o assunto mais sério com o qual você pode se envolver. E como não há um ensaio geral, esforce-se para fazer certo e apegue-se aos fundamentos.

O escritor de Provérbios começa com o conceito fundamental de que a sabedoria é o alvo principal da vida e prossegue afirmando que toda sabedoria procede de Deus. Se você puser Deus em primeiro lugar na sua vida, tudo o mais estará no lugar certo.

Como você o faz? Para começar, humilhe-se e admita que Deus é o técnico e você, o jogador. Ele planeja as jogadas e as executa — algumas vezes repetidamente —, e assim você sempre aprenderá algo a respeito de Deus e a seu próprio respeito.

O legendário técnico Tom Landry uma vez me disse que tinha três prioridades na vida — Deus, família e futebol —, nesta ordem. "A não ser que você tenha certeza das suas prioridades, não terá sucesso em nada."

A vida não é um jogo; é um assunto sério, e as apostas são eternamente altas. Você tem de começar pela base. Senhores, há um Deus, e nós não somos ele!

VERDADE REVELADORA 1: *Comece com os fundamentos e apegue--se a eles.*

2. Coisas pequenas são importantes

Conhecimento é poder.
(Ipsa Scientia Potestas Est)
— *Sir* Francis Bacon

Provérbios 2.1-5

Amigo, leve a sério o que estou dizendo:
  guarde meus conselhos, tenha-os com você a vida inteira.
Fique de ouvidos atentos para a sabedoria,
  firme seu coração numa vida de entendimento.
Isto mesmo: se fizer da sabedoria a sua prioridade
  e pedir discernimento de todo o coração,
Buscar sabedoria como se busca por ouro puro
  e como se procura o grande tesouro escondido,
acredite, antes que se dê conta, entenderá como honrar o Eterno
  e terá descoberto o conhecimento de Deus.

Roma — o nome em si evoca imagens de impérios e uma atmosfera de grandeza. Quintus Sertorius, um de seus generais, encontrava-se na Espanha, com a tarefa de defender um território vasto com exército composto quase completamente por recrutas indisciplinados. Como ele não queria ser derrotado, convocou-os então para ensinar-lhes uma lição importante sobre o que precisariam para ser um exército bem-sucedido.

Ele chamou à frente o soldado mais bem-dotado fisicamente e também o menor e mais franzino. Diante do soldado grande, colocou um pônei e, do soldado pequeno, um poderoso cavalo de batalha. Deu-lhes então a tarefa de arrancar todos os fios do rabo dos cavalos, mas de duas maneiras completamente diferentes. O soldado forte deveria arrancar o rabo do pônei com um único puxão, e o soldado pequeno deveria arrancar fio por fio, um de cada vez. Você pode adivinhar o resultado: foi o soldado fraco que venceu o cavalo de batalha, enquanto o soldado forte fracassou, apesar de sua aparente vantagem. O rabo de um cavalo é forte porque tem muitos fios.

Um líder sábio será bem-sucedido em prestar atenção em detalhes aparentemente insignificantes para uma vida de sucesso que Deus oferece. Esses princípios são como os fios do rabo de um cavalo, que não permitem que ele seja vencido pela força bruta. Uma pessoa tola confia em dons individuais e na força pessoal; entretanto, isso é o epítome da fraqueza, pois não há unidade de propósito que dê unidade a seus esforços. Por isso, ela permanece sozinha. A liderança encontra sua força ao puxar um por um os muitos fios do rabo do cavalo.

VERDADE REVELADORA 2: *Não olhe apenas para seus dons naturais, mas focalize sua energia em administrar todos os recursos disponíveis.*

3 Quem vem primeiro?

Minha religião consiste em uma admiração humilde do espírito superior ilimitado que se revela nos pequenos detalhes que podemos perceber com nossa mente frágil e finita.
— Albert Einstein

Provérbios 3.5-10

> Confie no Eterno do fundo do seu coração;
>   não tente resolver tudo sozinho.
> Ouça a voz do Eterno em tudo que fizer, aonde for.
>   Ele manterá você no melhor caminho.
> Não pense que você sabe tudo.
>   Corra para o Eterno! Fuja do mal!
> Seu corpo irradiará saúde,
>   seus ossos irão vibrar de tanta vida!
> Honre o Eterno com tudo que você possui:
>   dê a ele o primeiro e o melhor.
> Seu celeiro se encherá até não dar mais,
>   seus barris de vinho transbordarão.

Quem ocupa o primeiro lugar na sua vida? Seu trabalho? Seu passatempo favorito? Dinheiro? Lazer? O que está no topo?

Quando eu era jovem, com frequência falava o que não devia. Nunca vou esquecer-me de uma ocasião, em um estádio lotado, quando acompanhei Billy Graham até o púlpito, no início de uma campanha evangelística em outro país. O oficial de polícia designado para escoltar o sr. Graham nos acompanhava, e então, em um arroubo de entusiasmo, eu lhe disse: "Se não tomar cuidado, vamos fazer você se tornar protestante". Billy virou-se para o homem com um sorriso gentil e disse: "Não, nós não vamos fazer isso. Mas eu espero que possamos ajudar você a encontrar Deus".

Você já encontrou Deus? Ele o tem procurado por toda a sua vida. Mas você deve se lembrar de que Deus é um cavalheiro; ele não o irá forçar. Você precisa convidá-lo. E há um segundo passo em qualquer relacionamento — adquirir intimidade e amizade que ultrapassem o nível superficial. Você tem intimidade com Deus? Uma intimidade tal que permita que você creia que Deus vai cuidar dos seus interesses, de modo que você não precise fazê-lo?

De fato, todos lutamos para estabelecer prioridades e nos apegarmos a elas. Mas você já se decidiu quanto à prioridade que quer dar a Deus na sua vida? A sabedoria de Provérbios afirma que, se Deus estiver no topo, tudo o mais estará no lugar certo. Já testei essa promessa na minha vida e posso dar testemunho de sua veracidade. Deus sempre cumpre sua palavra. Nós falhamos, mas ele nunca falha.

VERDADE REVELADORA 3: *Decida pôr Deus antes de qualquer outra coisa na sua vida.*

4 O coração da matéria

A felicidade de um homem nesta vida não consiste na ausência, mas no domínio de suas paixões.
— Alfred Tennyson

Provérbios 4.23-27

> Vigie sempre os seus pensamentos:
> > *deles* depende a sua vida!
>
> Não se distraia com conversas maldosas;
> > evite a falsidade, mentiras e fofocas.
>
> Mantenha os olhos fixos à frente;
> > não se distraia com coisas fúteis.
>
> Olhe sempre por onde anda,
> > e que o chão onde pisar seja bem firme.
>
> Não olhe nem para a direita nem para a esquerda:
> > e fique bem longe da maldade.

O mundo ocidental considera o coração como a sede das emoções. Mas não é assim em outras culturas. Por exemplo, na África considera-se o fígado como tal. Portanto, na África você não deve dizer "Acalme seu coração", mas "Não deixe seu fígado nervoso". Não são as palavras, mas o significado que o escritor de Provérbios quis transmitir no capítulo 4. Guarde o seu coração.

Suas emoções são uma força poderosa. Você as controla, ou elas o controlam? Suas paixões podem ser a fonte de muitos males. Ao mesmo tempo, um grande bem pode ser feito se o foco do seu coração estiver corretamente direcionado.

Deus legou-nos um conjunto de orientações perfeitas e confiáveis em sua Palavra que direcionarão nossa vida, se dispusermos nossas paixões a sua autoridade. Mas isso exige uma decisão que precisamos realizar na teoria antes do teste prático. A espontaneidade moral é terreno fértil para o fracasso ético. A oração pode desempenhar um papel importante ao nos ajudar a predeterminar nosso comportamento enquanto encaramos os desafios da vida.

Se formos sábios, controlaremos nossas emoções por intermédio da vontade e do intelecto. Nós o faremos se pensarmos nos nossos valores e princípios antes que a adrenalina comece a pulsar. Muitos namoros de colegiais descambaram para uma promiscuidade insensata porque não se levou em conta o comportamento antes que a situação "esquentasse".

Já vi líderes perderem sua reputação e autoridade moral em um estalar de dedos — algumas vezes, isso aconteceu comigo. Você pode destruir algo que levou muito tempo para construir em questão de segundos se permitir que suas paixões o dominem.

VERDADE REVELADORA 4: *Dê seu coração a Deus e canalize suas paixões em direção ao seu crescimento pessoal.*

5 Mantendo um lar firme

A ferramenta de persuasão mais importante de todo o seu arsenal é a integridade.
— Zig Ziglar

Provérbios 5.21,22

> Lembre-se de que o Eterno não perde um movimento seu:
> ele está atento a cada passo que você dá.
> A sombra do seu pecado virá sobre você,
> e você se verá perdido na escuridão.

Um conhecido casal cristão me convidou para participar de seu programa de televisão há muitos anos. Perto do fim da minha visita, alguém me contou que uma mulher muito atraente daquela equipe era ex-esposa de outro membro da mesma equipe daquele programa, que agora estava casado com outra mulher. Fiquei bastante perturbado pela maneira indiferente com que tudo isso me foi contado — como se não fosse grande coisa. Meses depois descobriu-se que era apenas a ponta do *iceberg*, quando as notícias se espalharam a respeito da queda do *PTL Club* de Jim e Tammy Faye Bakker.

O que uma pessoa faz em sua vida particular é uma indicação forte do que acontece em seu coração. E o que poderia ser mais particular que o relacionamento sexual que você tem com a sua esposa? Se um líder é infiel a seu cônjuge, é infiel a todos que o seguem. Isso é assim porque o relacionamento conjugal é a base de todos os outros relacionamentos que temos na sociedade e que refletem nosso caráter.

O casamento é uma promessa que põe os interesses de outra pessoa acima dos seus. A liderança, assim como o casamento, é tanto uma responsabilidade quanto um privilégio e é baseada em confiança adquirida ao longo do tempo por meio de trabalho árduo. Se um seguidor não pode confiar em você, quem o fará?

VERDADE REVELADORA 5: *A integridade começa no lar. Aprenda a ser uma pessoa de palavra e apegue-se ao seu compromisso ainda que você não sinta mais nada.*

6 Com pneu furado na via expressa

Aquele que tem paciência pode ter o que desejar.
— Benjamin Franklin

Provérbios 6.1-5

Amigo, se você está em dívida com seu vizinho;
    se está preso em algum negócio com um estranho;
Se, no impulso, você prometeu dar a casa em garantia
    e agora ficou sem lugar para morar —
Não perca nem um minuto: livre-se dessa confusão.
    Você está nas mãos daquele homem!
    Deixe o orgulho de lado, vá e se humilhe, peça e insista.
Não deixe para depois —
    não há tempo a perder.
Livre-se disso como a corça se livra do caçador;
    como o pássaro, do armador de laços!

Um conhecido meu comprou um dos primeiros DeLoreans a sair da linha de montagem. Provavelmente você já ouviu a história fascinante da ascensão ao poder de DeLorean na indústria automobilística com o desenvolvimento do Ford GTO; mais tarde seus carros conseguiram fama por si. Mas ele perdeu tudo — sua família, seu emprego e até mesmo seu carro — porque foi longe demais em sua busca pelo sucesso. A paciência não era uma virtude na indústria automobilística de ritmo acelerado na qual o jovem e ambicioso DeLorean circulava.

O que talvez você não saiba é que John DeLorean se tornou um seguidor de Cristo quando bateu no quebra-molas da vida. Ele se reinventou. Penso ser seguro afirmar que DeLorean aprendeu a verdade de Provérbios 6.1-5 tarde na vida, depois de quase ter se vendido a credores e estranhos enquanto corria na via expressa em busca de fama e sucesso.

Nunca é tarde demais para pisar no freio se você detectar que está no caminho errado. Seja honesto consigo mesmo e peça a Deus que o ajude a desenvolver a paciência de que você precisa para esperar nele, em vez de criar seu próprio sucesso. Quando você vir uma porta de oportunidade, não há nada de errado em girar a maçaneta da porta para ver se ela vai abrir, mas você terá dor no coração se tentar abrir uma porta que está fechada. Criar meu próprio sucesso também coloca um peso sobre mim, ou seja, sustentar o que eu mesmo criei. Por outro lado, quando Deus me permite passar por uma porta, é ele que a mantém aberta, e eu posso descansar nessa parceria.

VERDADE REVELADORA 6: *Espere pacientemente em Deus pelo seu sucesso, e ele dará resultados maiores do que você conseguiria alcançar com seu próprio esforço.*

7 Ela vai roubar seu coração

Não consigo imaginar nada menos prazeroso que uma vida dedicada ao prazer.
— John D. Rockefeller

Provérbios 7.4-10

Converse com a sabedoria como se fosse uma irmã.
Trate o entendimento como seu companheiro.
Eles o ajudarão a se defender da mulher devassa —
da conversa sedutora, do apelo dos seus lábios.
Eu estava à janela da minha casa,
olhando entre as cortinas,
Observando gente inexperiente que passava,
e percebi um jovem sem rumo na vida.
Ele ia até o fim da rua
e depois voltava.
Ao cair da tarde, já escurecida
enfim, a noite chegava.
Só então, a mulher o recebeu em casa —
deitada, esperava por ele, vestida para seduzi-lo.
Ela é provocante e descarada;
inquieta, ela quase nunca está em casa.
Caminha pelas ruas, cada hora está num lugar,
e se detém em cada esquina.

O livro de Provérbios faz mais referências a sexo ilícito e a prostitutas que a qualquer outro assunto. O autor certamente pensa que esse é um tema importante para nossa consideração. Mas a mensagem é mais profunda que se pode pensar.

Seja lá o que for que desperte seus desejos e paixões em detrimento do seu juízo e do senso comum, pode ser considerado uma prostituta que potencialmente tem a capacidade de roubar seu coração e quebrar sua vida.

Quem, ou o quê, é essa prostituta que quer roubar a sua vida? O que é isso que tem o potencial de arruinar a sua vida se você se entregar a essa paixão doentia? Pode ser algum tipo de vício, sexo, desejo por poder ou influência — talvez seja uma ambição. Isso acontece vez após vez na vida de homens e mulheres famosos consumidos por algum apetite incontrolável.

Anos atrás encontrei uma paixão desse tipo que explodiu muito cedo; seu nome era Roger Miller. Nos bastidores em Wheeling, West Virginia, Roger estava prestes a subir ao palco para uma apresentação. Estava bêbado e fumava desbragadamente. Roger tinha um enorme talento musical e um grande senso de humor — um indivíduo talentoso —, mas poucos anos depois morreu de câncer com 56 anos. Sua morte parece ter sido apressada por seus maus hábitos e uma vida vivida loucamente. Que desperdício... Todo o talento do mundo não seria capaz de vencer a prostituta de uma vida mal vivida e uma busca insensata pelo prazer.

Se você tem uma missão clara na vida, não se distrairá facilmente com atividades secundárias ao longo do caminho.

VERDADE REVELADORA 7: *Que o foco da sua vida esteja em uma missão com significado que inspire sua disciplina pessoal e uma mentalidade única. Não se entregue a paixões impróprias.*

8 A rua onde você mora

São nossas escolhas que mostram quem realmente somos, não nossas habilidades.
— J. K. Rowling

Provérbios 8.12-16

"Eu sou a sabedoria e moro perto do entendimento;
    tenho conhecimento e bom senso.
O temor do Eterno significa odiar o mal —
    eu odeio o mal com todas as forças,
        o orgulho, a arrogância e a conversa venenosa.
O meu conselho é bom, essa é a minha função;
    dou entendimento e novas forças para viver.
Com a minha ajuda, os líderes comandam,
    e os que fazem as leis legislam com justiça.
Também é com a minha ajuda
    que governantes lideram com autoridade legítima.

Você pode escolher a rua onde vai morar. Pode escolher não apenas sua casa, mas também seus vizinhos. Suas escolhas afetam seu relacionamento com Deus e o resultado de tudo o que faz.

Em uma lanchonete do aeroporto de Atlanta, Ken Norton, o campeão mundial de boxe peso pesado, descartou alguém que lhe pediu um autógrafo, dizendo "Vá embora daqui; eu não posso olhar para você enquanto estou comendo". O marinheiro, desprezado, virou-se e se afastou de seu herói e passou direto por mim. Senti pena daquele marinheiro com seu uniforme branco e tentei encorajá-lo. Enquanto tomávamos um café, ele se abriu, e nossa conversa rapidamente assumiu um tom muito mais profundo que nenhum de nós esperava. Logo estávamos falando a respeito da eternidade, e ele entregou sua vida a Jesus como seu Salvador pessoal.

Aquele marinheiro começou buscando o autógrafo do herói e encontrou uma decepção, mas terminou conversando com alguém tão simples como ele e se encontrou com seu Criador.

Fiquei decepcionado com o boxeador naquele dia e agradavelmente surpreendido com o marinheiro. Aos olhos de muitos, o boxeador fazia os movimentos certos, mas eu vi algo mais. Eu olhava para um homem cujas escolhas lhe deram um olho roxo — pelo menos na mente de duas pessoas que conheci. Ele foi atrás de sucesso, fama e dinheiro, mas perdeu a compaixão pelos outros.

Escolhas — nós as fazemos todos os dias. Mas, no fim, elas nos fazem.

VERDADE REVELADORA 8: *Escolha cultivar seu ser interior e não sacrifique seu caráter na busca do sucesso.*

9 Por que você está aqui?

Esquecer-se dos seus propósitos é a forma mais comum de estupidez.
— Friedrich Nietzsche

Provérbios 9.3-6

A sabedoria deu ordens a seus servos,
    que foram ao centro da cidade fazer o convite:
"Vocês, inexperientes, que vivem uma vida confusa,
    venham comigo! Sim, venham ao meu banquete!
Preparei uma comida deliciosa: pão tirado do forno,
    cordeiro assado e vinhos selecionados.
Abandonem essa vida confusa! Tenham bom senso!
    Venham conhecer a vida que faz sentido".

Não temos as mesmas capacidades ou oportunidades. Mas todos temos o privilégio de decidir o propósito ao qual dedicamos nossa vida. Um homem sábio uma vez me disse que há apenas três grandes decisões que muitos de nós teremos de tomar na vida: com quem viveremos, onde viveremos e para que viveremos. É a terceira decisão que parece mexer com a maioria de nós. Para que você está vivendo?

Quando era aluno de faculdade, trabalhei por um tempo em uma fábrica de automóveis para pagar meus estudos. Era um trabalho monótono, uma rotina, que eu considerava sem sentido. Meus colegas, na maioria, também odiavam o emprego deles e falavam a respeito de como poderiam viver o tempo da aposentadoria fazendo o que realmente gostavam. Infelizmente, muitos colegas nunca viveram seus sonhos no tempo da aposentadoria e, mais importante ainda, por que deveríamos esperar tanto? Eu decidi naquela ocasião que iria pedir a Deus que me ajudasse a encontrar um propósito na vida pelo qual pudesse viver cada dia. Queria algo que me fizesse despertar a cada manhã e agradecer a Deus por permitir que eu estivesse vivo.

Você já encontrou um propósito pelo qual vale a pena viver? O sucesso foi definido como "a realização progressiva de um alvo digno e predeterminado". Estabeleça alvos dignos na sua vida e entregue-se completamente para realizá-los. Ao estabelecer os alvos da sua vida, comece com seu relacionamento com Deus, com sua família e com seu trabalho. Essas três áreas importantes precisam da atenção mais urgente.

VERDADE REVELADORA 9: *Estabeleça seus propósitos na vida e se esforce a cada dia para alcançá-los.*

10 Isso vai afundar sua vida

Confiança... prospere na honestidade, na honra, na sacralidade das obrigações, na proteção fiel e na atuação desinteressada.
— Franklin D. Roosevelt

Provérbios 10.1-7

O filho sábio é a alegria do pai;
 o filho insensato é a tristeza da mãe.
Dinheiro de ganhos desonestos não leva a nada,
 mas a vida honesta livra da morte certa.
O Eterno cuida de quem faz o bem,
 mas acaba com a ganância dos maus.
A preguiça leva à pobreza,
 mas o trabalho diligente traz riqueza.
Trabalhe enquanto o Sol brilha — isso é sensato!
 mas, se dorme enquanto outros trabalham, é pura estupidez!
Quem é justo recebe chuva de bênçãos,
 mas o perverso abriga consigo a violência.
O homem bom é lembrado com carinho — é pura bênção!
 mas o que foi mau logo é esquecido — é só podridão!

Uma vida desonesta é cheia de podridão e será exposta, causando a você muitos problemas. Não é uma questão de "se", mas de "quando" você será exposto. O escritor de Provérbios exalta a virtude da honestidade. Qual é o lugar da honestidade na escala dos seus valores? Tenho vergonha de admitir que já lutei muito para ser honesto. Talvez você também tenha fracassos nessa área da vida.

Anos atrás, aprendi uma lição muito importante a respeito da honestidade verbal que deixa minha consciência insensível. Espero que isso o ajude como me ajudou. Um amigo meu queria me visitar em um fim de semana, mas tinha responsabilidades em sua igreja que exigiam sua atenção. Para obter permissão para se ausentar, disse à congregação que eu me ferira em um acidente automobilístico e que ele deveria estar comigo naquele momento. Alguém ali conhecia a garota que na época eu namorava e descobriu que meu amigo estava mentindo — que desconforto quando a verdade veio à tona...

A teoria dos seis graus de separação diz que ninguém está afastado de outrem mais do que seis relacionamentos. Essa ideia não é apenas a respeito de estabelecimento de redes — a ideia tem a ver também com a necessidade de ser honesto. Uma vez que você demonstra ser desonesto, vai ser difícil reconquistar a confiança dos outros; difícil, mas não impossível. Confesse sua mentira imediatamente ou devolva o que foi roubado. Não deixe que isso siga sem correção, ou se tornará uma ferida apodrecida e malcheirosa em seu caráter. Encare seu pecado e admita que isso é errado. Esse é o caminho para a cura e a restauração. Não há nada tão puro e forte como um homem com consciência limpa.

VERDADE REVELADORA 10: *Determine que a honestidade será uma marca da sua vida e seja escrupulosamente atento a mantê-la o tempo todo, não importa quanto isso custe.*

11 Conseguindo o que você precisa

A generosidade não consiste em me dar o de que eu preciso mais do que você, mas em me dar o de que você precisa mais do que eu.
— Khalil Gibran

Provérbios 11.24-26

Quem dá com generosidade ganha cada vez mais,
    mas quem é avarento acaba perdendo tudo.
Quem abençoa os outros é muito abençoado;
    quem ajuda os outros também recebe ajuda.
Que a maldição caia sobre os especuladores!
    Sejam abençoados os que negociam honestamente!

O rei Midas é o epítome da ganância. Você se lembra da história. Ele desejava que tudo que tocasse se transformasse em ouro. Ele conseguiu o que queria, mas por fim arruinou sua felicidade quando acidentalmente transformou sua filha em uma estátua de ouro. Conseguiu o que queria, mas perdeu o que precisava.

Eu tenho lutado sempre contra o desejo de querer tudo para mim. Talvez isso tenha a ver com o fato que sou um filho mais velho mimado. Talvez isso seja simplesmente parte da minha natureza egoísta e pecaminosa. Mas tenho sido abençoado além da conta por ser casado com uma das pessoas mais generosas que já encontrei. Lori, minha esposa, está sempre dando mais do que penso que ela poderia. Você pode imaginar que essa diferença de vez em quando provoca atritos no nosso casamento. Um dia equilibrei-me à "exuberância" da minha esposa em fazer doações, e o Senhor parece ter falado diretamente ao meu coração. Fui lembrado de que ela tem um dom especial em uma área na qual sou fraco. Em vez de sufocar aquele dom, eu deveria celebrar a generosidade divina para comigo. Ele a pôs na minha vida para equilibrar meus fracassos.

Talvez você precise do mesmo tipo de ajuda na sua vida de liderança. Se você não é generoso por natureza, peça a Deus para mudar seu coração e pôr pessoas em sua equipe que sejam fortes nas áreas nas quais você é fraco. Então os capacite para que sejam generosos a seu favor. Líderes eficientes se esforçam para serem generosos com os outros. Eles entendem o efeito bumerangue da generosidade — ela sempre voltará para você.

VERDADE REVELADORA 11: *Trabalhe para desenvolver um coração generoso para com os outros e, ao fazê-lo, estará beneficiando você mesmo.*

12 Gosto amargo na boca

*A fofoca é um tipo de fumaça que vem do cachimbo
sujo daqueles que a divulgam: não prova nada,
a não ser o mau gosto do fumante.*
— George Eliot

Provérbios 12.13-19

A fofoca traz problemas para o fofoqueiro,
  mas o justo se mantém bem longe delas.
Cada um colhe o fruto daquilo que fala
  e recebe recompensa pelo que faz.
O insensato teima em fazer tudo do seu próprio jeito,
  mas o sábio pede e ouve os conselhos.
O insensato tem pavio curto e explode na hora,
  mas o prudente ignora o insulto e mantém a calma.
Quem diz a verdade ajuda a cumprir a justiça,
  mas quem dá testemunho falso está a serviço da mentira.
Existem palavras que machucam muito,
  mas as palavras do sábio trazem cura.
A verdade permanece para sempre,
  mas a mentira tem perna curta.

Você consegue dominar sua língua? Poucos são os que controlam essa pequena parte da anatomia humana. Há pessoas que falam uma besteira atrás da outra. A língua é uma força poderosa que pode ser usada para o bem ou para o mal. Tente dominá-la, se é que você consegue.

Alguns líderes não percebem o poder das palavras que pronunciam. Tudo que dizem tem impacto por conta de sua personalidade e posição. E, porque estão no comando, sempre há quem aponte suas falhas.

Tenho um amigo que estava sempre criticando os outros. Isso chegou a um ponto tal que eu comecei a pensar em como evitar passar tempo com ele. Mas eu me convenci de que tinha a responsabilidade de redirecionar o pensamento e o comportamento desse meu amigo. Eu poderia ser uma influência positiva em sua vida que pudesse ajudá-lo a vencer essa negatividade. E aconteceu que fui verdadeiramente abençoado um dia quando ele comentou a respeito do impacto que eu tivera sobre ele. Ficou grandemente impressionado por meus comentários bondosos a respeito dos outros, tanto que isso o fez pensar em como ele podia melhorar essa área em sua vida. Preguei um sermão com o meu procedimento, e ele ouviu a mensagem de modo alto e claro.

Quando você tem algo importante a dizer, como age em relação a isso? Quando você tem algo que não precisa ser dito, você consegue ficar de boca fechada? Falar besteiras é tão impróprio quanto enfiar suas ideias goela abaixo de alguém — ambos deixam um gosto amargo na boca.

VERDADE REVELADORA 12: *Aprenda a usar o poder da sua língua e a use para o bem.*

13 Sejamos verdadeiros

Qualquer coisa feita sem ostentação e sem testemunhas é, em minha opinião, mais digna de elogios.
— Marco Túlio Cícero

Provérbios 13.7-10

A vida presunçosa e cheia de pompa é uma vida vazia,
 mas a vida simples e sincera é uma vida plena.
O rico pode ser processado por causa dos bens que possui,
 mas o pobre está livre dessas ameaças.
A vida dos justos são ruas bem iluminadas,
 mas a vida dos perversos são becos escuros.
Os arrogantes metidos a sabidos incitam a discórdia,
 mas os realmente sábios ouvem conselhos.

Você já teve uma experiência na qual o que viu NÃO era o que você conseguiu? Esta foi minha experiência quando estive frente a frente com o poderoso lutador Hulk Hogan.

Eu o encontrei quando ele veio se encontrar com Billy Graham em uma campanha evangelística. O Hulkster não era o que eu esperava.[1] De fato, ele é bronzeado, musculoso e grande, mas também tranquilo e humilde em suas atitudes — o extremo oposto da personagem de TV que ele construiu tão habilidosamente durante tantos anos.

Por debaixo de todo *glamour* e de todas as fachadas, os seres humanos são os mesmos: simplesmente barro moldado para abrigar uma alma. Todos procuram sentido e propósito na vida e compartilham das mesmas necessidades básicas. Teatralidade é uma coisa, mas não se engane pela sua própria atuação. No fundo, todos são iguais a todos – ninguém é melhor ou pior. E você precisa reconhecer esse fato.

Você não deve também intimidar os outros com a armadilha de demonstrações de sucesso exterior. Dê atenção ao que é básico — seu corpo, sua alma, sua mente. Cultive os prazeres simples e tenha uma visão realista de si mesmo. Deus não lê o que a imprensa publica a seu respeito. Caso o fizesse, não ficaria impressionado.

VERDADE REVELADORA 13: *Atrair a atenção para si mesmo pode ser bom para os negócios, mas a vida simples é boa para a sua alma.*

---

[1] Hulkster é um dos nomes pelos quais o lutador e ator Hulk Hogan é conhecido nos Estados Unidos. [N. do T.]

14 O último a deixar você cair

A amizade é preciosa não apenas nos momentos de escuridão, mas também quando o sol brilha na sua vida, e, graças a um arranjo benevolente, a maior parte da vida é um sol brilhante.
— Thomas Jefferson

Provérbios 14.1-8

> A mulher sábia constrói seu lar,
>> mas a insensata derruba o seu com as próprias mãos.
>
> Quem vive honestamente respeita o Eterno,
>> mas quem se desvia de seus caminhos vira a cara para ele.
>
> A conversa fútil provoca sorrisos irônicos,
>> mas o discurso sábio inspira respeito.
>
> Se não há bois, não há colheita:
>> pois a boa colheita requer um boi forte para o arado.
>
> A testemunha verdadeira nunca mente,
>> mas a testemunha falsa respira mentira!
>
> O zombador procura sabedoria em todo lugar e nunca encontra,
>> mas o que tem discernimento topa com ela na porta de casa!
>
> Fique longe do insensato:
>> pois é um desperdício de tempo ouvir o que ele diz.
>
> A sabedoria do sábio o mantém no caminho;
>> a estupidez dos insensatos leva-os ao engano.

Quando eu era um jovem iniciando no ministério cristão, um homem mais velho e mais sábio me convidou para um almoço, pois ele queria ter uma conversa séria comigo. Ele havia observado algumas tendências perigosas na minha vida e, como um amigo, queria apontá-las. Eu fui esmagado. Da minha perspectiva, suas observações estavam erradas, e eu era inocente. Entretanto, com o passar dos dias, semanas e mesmo anos, as verdades das observações dele foram reveladas.

Aquele homem sábio é meu amigo até hoje, e suas palavras ainda me ajudam. Houve outros que pensei que fossem amigos, mas, quando realmente precisei deles, deixaram-me cair. Até mesmo permiti que alguns deles me puxassem para baixo com seu caráter e visão de mundo ímpios. Seja muito cuidadoso com os amigos que escolhe. Eles têm um impacto dramático sobre como você interpreta a vida e em tudo que você faz. O mesmo é verdade quanto a sócios em negócios, companheiros, cônjuge e qualquer outro que você permite que entre na sua vida. Se você escolhe pessoas tolas para compartilhar seu mundo com elas, vai terminar tolo também.

Você vai precisar de pelo menos seis bons amigos, porque este é o número de pessoas que vai carregar seu caixão até o túmulo. Literalmente, seus amigos devem ser os últimos a deixar você cair.

VERDADE REVELADORA 14: *Escolha seus amigos cuidadosamente.*

15 O caminho para cima

A humildade é a base de todas as demais virtudes, pois na alma na qual a virtude está ausente, não pode existir nenhuma outra.
— Santo Agostinho

Provérbios 12.14-17

> Cada um colhe o fruto daquilo que fala
> e recebe recompensa pelo que faz.
> O insensato teima em fazer tudo do seu próprio jeito,
> mas o sábio pede e ouve os conselhos.
> O insensato tem pavio curto e explode na hora,
> mas o prudente ignora o insulto e mantém a calma.
> Quem diz a verdade ajuda a cumprir a justiça,
> mas quem dá testemunho falso está a serviço da mentira.

Algumas vezes Deus nos humilha para testar nossa reação antes que ele nos exalte. Você já foi humilhado ou envergonhado apenas para descobrir mais tarde que sua experiência era extremamente valiosa? Talvez seu fracasso tenha afetado sua vida de uma maneira tal que nada mais poderia fazer. Eu mesmo acho que não aprendo muito quando tudo está dando certo. É geralmente nos meus fracassos que Deus chama minha atenção. E com você?

Um amigo muito querido recentemente formado na faculdade foi convidado para treinar em um time profissional de futebol. Na faculdade ele era muito bom como zagueiro. Mas houve um dia no qual meu amigo foi vencido mais de uma vez por um lateral novato e por um meio-campista que também queriam crescer na carreira de atleta profissional. Meu amigo foi cortado do time — um pouco desencorajado, mas firme em seu propósito de buscar a excelência. Ele se tornou um leigo cristão bem-sucedido e advogado com uma carreira de décadas.

Descobri que a queda é o caminho para cima. Qualquer um pode lidar com o sucesso. O modo de você lidar com o fracasso é um sinal de grandeza. Muitos líderes sofrerão fracassos e desencorajamento; isso acontecerá se você tentar realizar algo grande. Os que querem fazer isso de maneira segura nunca descobrirão de que material foram feitos.

Seus fracassos e desapontamentos nem sempre são o que parecem ser — podem ser derrotas momentâneas se você tiver o foco na vontade de Deus para sua vida. Você pode ter ouvido falar do lateral que derrotou meu amigo há muito tempo. Seu nome era Bart Starr, e o meio-campista era ninguém menos que Raymond Berry — dois dos maiores jogadores que já defenderam o Green Bay Packers, e ambos agora estão na Galeria da Fama da Liga Nacional de Futebol.[1]

VERDADE REVELADORA 15: *Humilhe-se diante de Deus, e ele o exaltará.*

---

[1] Green Bay Packers é um time de futebol americano da cidade de Green Bay, Winsconsin, EUA. [N. do T.]

16 Se eu soubesse naquela época o que eu sei hoje

Que nossa preocupação antecipada se torne em pensamento e planejamento antecipados.
— Winston Churchill

Provérbios 16.1-5,9

O homem mortal faz planos elaborados para a vida,
    mas é o Eterno que tem a última palavra.
O homem fica satisfeito com o que lhe parece bom,
    mas o que *é* realmente bom só o Eterno pode avaliar.
Entregue ao Eterno o comando do seu trabalho,
    e o que você planejou dará certo.
O Eterno fez todas as coisas com um propósito;
    até mesmo os perversos — mas para o *julgamento*.
O Eterno não suporta a arrogância;
    e acredite: esses arrogantes terão o que merecem.
O homem faz seus planos,
    mas o Eterno é quem possibilita que sejam realizados.

Quando eu era um jovem na faculdade, meus planos pessoais eram de jogar futebol americano o resto da minha vida e ganhar muito dinheiro nesse processo. Hoje, quando penso nisso, tudo parece tão tolo, mas é este exatamente o ponto: eu não tinha plano. Naquela época eu era um garoto que ainda pensava em termos de fazer o que parecia divertido e que não pensava aonde os meus sonhos poderiam levar-me. Bem, amadureci e tive de aprender algumas lições difíceis. E com você?

O conselho mais valioso que recebi a esse respeito veio de um amigo que trabalhava como gerente no mundo empresarial e que entrou para o ministério cristão tempos depois. Ele me disse que mesmo as maiores tarefas podem ser divididas em partes pequenas que são administráveis. Os alvos da sua vida podem ser divididos em tamanhos menores que não são difíceis de lidar.

Primeiro você precisa decidir o que quer alcançar e trabalhar do ponto onde estava até o ponto onde está agora. Meu primeiro alvo na vida sempre foi servir a Deus de alguma maneira. Acho que você vai concordar que essa é uma grande tarefa. Quando finalmente amadureci a respeito de ter um plano para a vida, decidi procurar quem fizesse o que eu queria fazer, para aprender com essas pessoas. Então o fiz, e uma coisa levou à outra, e assim cheguei onde cheguei. Você observou que meu foco estava no "quê" eu queria fazer, não em "como" o faria? O "como" está nas mãos de Deus.

VERDADE REVELADORA 16: *Quando fizer planos, não deixe Deus fora da fórmula. Esta é a única parte que faz sentido.*

17 O rei das virtudes

O perdão é a resposta de uma criança por um milagre para que o que está quebrado seja consertado e o que está sujo seja novamente limpo.
— Dag Hammarskjöld

Provérbios 17.1,9,14,17

É melhor comer um pedaço de pão com água em paz
  que ter um banquete no meio de brigas.
Esqueça a ofensa e manterá a amizade;
  mas, se insistir na ofensa, diga adeus ao amigo!
O início de uma briga é como vazamento de uma represa;
  por isso, é bom parar antes que se rompa de vez.
O amigo ama sempre e com ele não há tempo ruim;
  mesmo quando há problemas, ele é sempre um ombro amigo.

Na minha opinião, Coretta Scott King foi o epítome do perdão. Quando morava em Atlanta, tive a oportunidade de encontrá-la e ser guia turístico no museu de seu falecido marido. Se houve alguém que tinha o direito de ter amargura e ressentimento nesta vida, esse alguém era Coretta Scott King; entretanto, ela me impressionou com sua resolução de se livrar de toda negatividade e transformar tudo isso em uma força positiva pelo bem dos oprimidos e explorados.

Já testemunhei muitas vezes a miséria sofrida por pessoas que foram abusadas e feridas pelos poderes deste mundo. Quando sentimos que fomos enganados pela vida, fazemos a escolha entre permitir que nos entreguemos à amargura e ficar introvertidos ou decidir aprender da experiência e nos tornar pessoas melhores.

Quando eu tinha 16 anos, meus pais se divorciaram, e parecia que meu mundo se divida em duas partes. Isso me fez ficar com muita raiva e pensar que meu direito de ser feliz tinha sido retirado de mim. Mas aquilo não foi o fim da vida, como imaginei. Foi apenas um desvio temporário que, por fim, ajudou-me a caminhar para uma direção melhor. Os psicólogos nos dizem que é o modo que escolhemos para interpretar o que acontece na nossa vida, mais que as circunstâncias e experiências em si, que determinam nosso destino. Ser uma pessoa amarga ou ser uma pessoa melhor — temos de decidir!

Esta é minha observação: quem foi ofendido é que tem todo o poder, não o ofensor. E nosso poder vem na forma de perdão. Quando perdoamos, liberamo-nos para viver a vida que Deus nos concedeu.

VERDADE REVELADORA 17: *O perdão é uma força perfeita nas mãos dos que foram ofendidos.*

18 Fugindo do inferno[1]

Gosto de ouvir. Aprendi muito ouvindo cuidadosamente. Muitas pessoas nunca ouvem.
— Ernest Hemingway

Provérbios 18.13-17

Responder antes de ouvir
    além de tolice é pura grosseria.
O espírito saudável vence a adversidade,
    mas o espírito abatido, como curá-lo?
Os sábios estão sempre aprendendo;
    sua sede de conhecimento é insaciável.
Um presente entregue abre portas;
    ele o acabará levando a gente muito importante.
O primeiro discurso num julgamento é sempre convincente —
    até que o interrogatório comece!

---

[1] O título deste capítulo em inglês é *Great Escape*, referência a *The Great Escape*, filme de grande sucesso protagonizado por Steve McQueen em 1963, que no Brasil teve o título *Fugindo do inferno*. [N. do T.].

Líderes sabem que ser um bom ouvinte pode levar a oportunidades que dizem algo que pode afetar poderosamente a vida de alguém.

Uma lembrança que continuamente me abençoa é a de Steve McQueen assentado na varanda de uma igreja na Califórnia bebendo cada palavra do evangelho enquanto lia a Bíblia com toda a atenção.

Steve tinha paixão por aviação. Seu competente instrutor de voo era um cristão tranquilo, um homem de poucas palavras. Durante semanas eles passaram muito tempo juntos na cabine de seu avião. Durante aquele tempo Steve observou que havia algo incomum na vida de seu instrutor e então lhe perguntou o que era. Até aquele momento, aquele velho santo havia escutado Steve a maior parte do tempo e de vez em quando dizia uma palavra de sabedoria. Então ele levou Steve para conhecer seu pastor, que lhe disse o que significa conhecer Cristo pessoalmente. Naquele dia Steve McQueen convidou Jesus para entrar em seu coração.

Em um momento de sua vida Steve tinha todas as respostas e não estava pedindo a ninguém que o orientasse. Mas, por causa de um cristão que era um bom ouvinte, seu coração mudou, e ele se tornou como uma esponja, pronto a receber qualquer conselho que pudesse trazer sentido a sua vida.

Os últimos dias de Steve McQueen foram gastos em uma batalha contra o câncer. No fim, ele foi encontrado morto em seu leito com a Bíblia aberta sobre o peito. Steve tornara-se um bom ouvinte das palavras doadoras de vida da parte de Deus.

VERDADE REVELADORA 18: *Aprenda a ouvir e descubra a vida.*

19 Nunca desista!

Paralise a resistência com a persistência.
— Woody Hayes

Provérbios 19.7

Quando pra você está tudo dando errado, até a sua família
 evitará você —
até mesmo o seu melhor amigo vai querer distância.
Quando você passa, eles olham para o outro lado —
 longe dos olhos, longe do coração.

A liderança de Winston Churchill, Abraham Lincoln e Teddy Roosevelt sempre me inspirou, porque eles sabiam como vencer grandes obstáculos por meio de uma perseverança firme. Esses homens são os meus heróis. Gosto deles porque me inspiram a ser persistente diante da adversidade. Eles nunca desistiram!

Quando estava na faculdade, eu quase desisti. Por dois verões seguidos quase não retornei à faculdade para terminar meu curso. Estava com pouco dinheiro e desorientado. Por que deveria me esforçar tanto se nem sabia o que fazer com meus estudos?

Deus, porém, falou ao meu coração a cada vez, e convenci-me de que, se estivesse preparado, ele me daria a oportunidade de que precisava. Pensei que o sucesso viria nos esportes, mas não foi isso que aconteceu. Enquanto permanecia no leito hospitalar depois de duas cirurgias consecutivas no joelho, finalmente desisti daquele sonho e comecei a entrar em desespero. Isso já aconteceu com você?

Contudo, lentamente Deus começou a me edificar, apesar da minha esperança perdida. Ele me lembrou de que minha vida na verdade nunca teve nada a ver com o esporte — esse foi apenas um caminho para a construção do meu caráter; ele tinha planos maiores para mim. Então, com a ajuda divina, recomecei e reconquistei minha confiança para seguir adiante pela fé.

No fim do meu último ano na faculdade, tinha um diploma e um emprego e nunca olhei para trás. O esporte nunca foi minha ocupação permanente, mas foi um importante espaço de aprendizado para mim. As lições que aprendi me serviram bem. Deus pode mudar sua direção, mas ele não o abandonará. Se você persistir, descobrirá o propósito. Ele tem algo planejado para sua vida, e isso dará mais satisfação que você pode imaginar. Nunca desista!

VERDADE REVELADORA 19: *Nunca desista, não importa quão escuras sejam as nuvens sobre sua cabeça. Deus tem um plano para você que trará uma alegria insuperável.*

20 Lidando com a raiva

*A raiva faz os homens inertes ficarem espertos,
mas os torna pobres.*
— Francis Bacon

Provérbios 20.1-3

> O vinho torna você mau; a cerveja faz de você um briguento —
>   e as pessoas bebem porque uma bebida fraca não tem muita graça.
> Os líderes de temperamento exaltado são como onças selvagens —
>   passe perto deles, e eles pulam na sua garganta.
> Evitar brigas é a marca registrada do que tem bom caráter,
>   mas os insensatos gostam de brigar.

Como líder, sei que a comunicação clara e eficiente é importante. O que a raiva comunica a você? Para mim, a raiva comunica falta de autocontrole e frustração.

Quando eu era um atleta jovem, muitos dos meus técnicos usavam a técnica do "grito da raiva". Essa técnica na verdade tem muito berro e muita intimidação e pouca, se é que tem alguma, técnica propriamente. Um técnico precisa dizer o que você deve fazer, como fazê-lo e depois o encorajar repetidamente até que você faça direito.

Pense em como Deus trabalha como seu técnico. Ele nos dá a informação por meio de sua Palavra, mostra-nos como fazer, mediante muitos exemplos na História e de líderes, e então nos deixa ir e tentar. Consequentemente, há muitos fracassos entre os seguidores de Cristo. Sei que os cristãos a meu redor caem. Isso me diz que estão aprendendo e tentando novas coisas.

Por isso, quando caímos, Deus não fica zangado. Ele simplesmente nos ajuda a levantar e tentar novamente — algumas vezes sem aprender as lições que precisamos. Ele pode simplesmente criar oportunidades para que aprendamos. Ele não controla como nós iremos processar tudo isso.

Quando qualquer líder permite que a raiva fuja de seu controle, pode perder a credibilidade. Se você ficar com raiva, cuidado! A raiva pode trazer consequências sérias e pode de fato levar sua equipe a fracassar. Nunca me encontrei com um líder bem-sucedido que não pudesse controlar seu temperamento. Raiva descontrolada é sinal de fraqueza, não de liderança.

VERDADE REVELADORA 20: *Sua raiva descontrolada pode propiciar a você um momento de satisfação, mas uma vida inteira de arrependimento.*

21 Vivendo plenamente

A produtividade nunca é um acidente. É sempre o resultado do compromisso com a excelência, com o planejamento inteligente e com o esforço focalizado.
— Paul Meyer

Provérbios 21.1-5

A boa liderança é um riacho controlado pelo Eterno;
    ele o direciona para o lado que escolher.
Nós avaliamos nossos atos pelas aparências,
    mas o Eterno examina nossos motivos.
Viver com pureza diante de Deus e tratar o próximo com justiça
    dizem mais ao Eterno que um ato religioso.
A arrogância e o orgulho — marcas inconfundíveis dos perversos —
    são pecados e ponto final.
O planejamento cuidadoso dá a você a dianteira na longa corrida;
    a pressa e a correria deixam você para trás.

Um homem sábio uma vez me disse que o animal mais ativo no quintal é uma galinha cuja cabeça foi cortada naquela hora. Simplesmente gerar atividades não é necessariamente sinal de vida. De tempos em tempos fico confuso quanto a isso e permito que outros direcionem como devo me conduzir. Eles me fazem crer que, se eu não estou muito ocupado, não sou capaz de ser produtivo. O que é o verdadeiro sucesso? Como o alcançamos? Como o mantemos?

Comecemos com um novo modelo de sucesso que não necessariamente iguala atividade a produtividade. Ainda que seja verdade que você não conseguirá nada se não fizer alguma coisa, é também verdade que muito ativismo na verdade pode atrapalhar nossa capacidade de pensar estrategicamente e usar nossos recursos a nosso favor.

Aprenda a dizer "NÃO". Seja cuidadoso com as tarefas que você aceita fazer e use suas habilidades e seus dons efetivamente para realizar apenas o que você pode fazer enquanto permite que os outros façam o que eles podem fazer. A liderança algumas vezes significa diminuir a marcha e ser estratégico nas atividades.

Frequentemente tenho de assumir a responsabilidade de organizar grandes eventos. A primeira coisa que faço é verificar meus recursos e determinar como utilizá-los da melhor maneira possível. Geralmente o recurso mais limitado é o tempo. Verifique o tempo disponível e trabalhe retroativamente a partir da data-limite até o momento presente. Pare e pense e, assim, você poderá pensar em parar.

Se você quer construir algo que tenha vida em si, focalize seu verdadeiro objetivo e inspire vida em seu esforço por meio de um planejamento estratégico.

VERDADE REVELADORA 21: *Mero ativismo não é necessariamente sinal de vida.*

22. Pare. Veja. Ouça.

*A habilidade dá o seu melhor em primeiro lugar;
a prudência, por último.*
— Lucius Annaeus Sêneca

Provérbios 22.26,27

Não aposte em coisas como o pote de ouro no fim do arco-íris,
dando como garantia a sua própria casa.
Chegará o momento de pagar a dívida,
e você ficará só com a roupa do corpo.

Você tem a tendência de se envolver em situações sem analisá-las cuidadosamente? Isso pode ser uma boa coisa se tiver uma pessoa estendida na beira do caminho, sangrando, quase morrendo e precisando de ajuda imediata. Entretanto, ser impulsivo pode ser fatal se em sua pressa você corre na direção contrária. Controle seus impulsos e responda com prudência.

O escritor de Provérbios adverte acerca de ser imprudente. Uma pessoa cuidadosa não estará certa em toda decisão que tomar, mas também não tomará nenhuma decisão de maneira apressada. A pessoa prudente entende que tudo não acontecerá do modo que parecia ser à primeira vista. Por isso, pense bem a respeito de suas decisões, especialmente as que têm implicações maiores.

O presidente Jimmy Carter tinha orgulho em ser conhecido como plantador de amendoins em Plains, Geórgia. Eu me encontrei com ele pela primeira vez em 1994 e fiquei impressionado em como estava bem e lúcido, considerando sua idade.[1] Ele foi um dos líderes mais diligentes e trabalhadores que já ocupou a cadeira da presidência na Casa Branca, mas não era muito famoso por sua prudência. Lembro-me muito bem da aposta alta que ele fez quando convocou os líderes do Egito e de Israel, o que resultou no impressionante e tremendamente bem-sucedido acordo de paz de Camp David.

O presidente Carter foi também responsável pela tentativa ousada, mas fracassada, de resgatar os reféns iranianos em 1980, que resultou em um fiasco para os que tentaram realizar o resgate. O presidente Carter não tinha medo de arriscar, mas nem sempre foi bem-sucedido. A recomendação sábia de Provérbios quanto ao exercício da prudência não é algo de somenos importância. Essa cautela pode mudar a maneira de as pessoas pensarem a respeito de você. Por isso, seja prudente.

VERDADE REVELADORA 22: *Avalie suas decisões com cuidado. Você pode manchar uma vida inteira de realizações em um momento de pressa.*

---

[1] Jimmy Carter nasceu em 1924. Logo, em 1994 tinha 70 anos. [N. do T.]

23 A dor dos reis

As aparências são de quatro tipos. As coisas são o que parecem ser; ou não são nem parecem ser; ou são e não parecem ser; ou não são e parecem ser. Decidir qual das quatro possibilidades é a tarefa do sábio.
— Epicteto

Provérbios 23.1-8

Quando você sair para jantar com uma pessoa influente,
    seja educado:
Não vá com tanta sede ao pote,
    e não tenha inveja do que ele tem.
Mas tome cuidado:
    ele pode ter outras intenções.
Não se mate para tentar ficar rico —
    fique ligado!
Os ricos desaparecem num piscar de olhos;
    a riqueza cria asas,
    voa e desaparece na imensidão azul do céu.
Não aceite o convite de jantar na casa de quem tem olho gordo;
    e não espere nada de especial.
Ele será tão mão-de-vaca com você quanto é com ele mesmo.
    Ele dirá: "Coma! Beba!", mas não falará sério.
A comida cairá mal no seu estômago,
    e você descobrirá que o jantar era apenas um pretexto.

Até mesmo Epicteto parece confuso a respeito das aparências. Não construa sua vida tentando impressionar os que têm poder e riqueza ou na esperança de se tornar um integrante da elite da sociedade. Sob a superfície, somos todos iguais diante de Deus. As aparências não são apenas confusas, mas podem ser enganosas também.

Minha esposa e eu tivemos a oportunidade de participar de um culto com a rainha da Inglaterra e seus filhos mais novos em sua capela particular no Great Windsor Park, nos arredores de Londres. Ela se assentou em um recinto particular acortinado, feito especialmente para ocasiões assim. Ao término do culto, ela cuidadosamente se posicionou em frente à saída principal e cumprimentou os convidados à medida que estes passavam, do mesmo modo que um pastor faz após o culto. Quando chegou nossa vez, não a cumprimentamos com um aperto de mão, porque foge ao protocolo tocar um integrante da família real sem ter sido convidado a fazê-lo. Deve ser doloroso ter tanta preocupação com as aparências e com as formalidades.

Aquele cuja aparência é real escolheu ser humilde e fraco. Seu nome é Jesus. Sim, todo joelho se dobrará, e toda língua confessará que ele é Senhor. Mas ele nos chama de amigos e deixou de lado todas as prerrogativas da realeza quando rasgou a cortina de separação do templo e nos deu acesso a seu Pai pela fé, por intermédio de sua morte e ressurreição.

Homens fracos podem insistir em *status*, formalidades e aparências, mas Deus nos vê como somos. Líderes sábios seguem o exemplo da humildade de Cristo. Eles estão conscientes que sob a superfície são como todos — nem melhores nem piores.

VERDADE REVELADORA 23: *Olhe por baixo da superfície — as pessoas e circunstâncias nem sempre são o que aparentam ser.*

24 As correntes de Marley

Ele nasceu em um casebre humilde cerca de 15 quilômetros de Alexandrea na paróquia de St. Ann. Viveu na zona oeste de Kingston quando se envolveu com as lutas do gueto. Aprendeu a mensagem da sobrevivência em sua adolescência, na periferia de Kingston. Mas foi seu talento bruto, sua disciplina inabalável e perseverança inamovível que o transportaram da posição de mais uma vítima do gueto à posição única de superstar na indústria do entretenimento do Terceiro Mundo.

— Eduard Seaga, Presidente da Jamaica,
em maio de 1981, no funeral de Bob Marley

Provérbios 24.1-6,19,20

Não tenha inveja dos perversos,
  nem queira estar perto deles.
Tudo que pensam é causar confusão;
  só sabem falar de violência!
É preciso ter sabedoria para construir uma casa
  e entendimento para edificá-la sobre fundamento sólido;
É preciso ter conhecimento para decorar os quartos
  com a melhor mobília e bela tapeçaria.
A sabedoria faz a força do homem;
  e o conhecimento lhe dá poder.
A estratégia é a chave para a guerra,
  assim como bons conselhos são a chave para a vitória.
Não perca a cabeça com os arrogantes
  nem deseje prosperar como os perversos.
Pois eles não têm futuro nenhum;
  estão indo para um beco sem saída.

Bob Marley, o cantor jamaicano de *reggae* que morreu de câncer em 1981, foi uma das pessoas mais interessantes com quem eu quase me encontrei. Eu estava trabalhando na Jamaica e me senti inspirado a ver esse rebelde urbano moderno em sua mansão branca em Kingston, cercada por muros altos. No portão de entrada encontrei um de seus sócios que me disse que Marley estava em um *tour*. Então, deixei-lhe um bilhete e um exemplar de *Paz com Deus*, um dos livros de Billy Graham. Mais tarde vim a saber que ele já estava recebendo tratamento médico por causa da doença fatal que tirou sua vida poucos meses depois.

Nunca soube se Bob Marley recebeu meu presente ou se leu a respeito de ter paz com Deus, mas sei que ele era amado pelo Deus que o perseguiu até o fim. Cristo pode libertar você das correntes que o prendem em cativeiro e o liberar para que você viva a vida que ele planejou para você. A chave é sua fé em Cristo, que solta as correntes que o prendem.

O talento e a fama de Bob Marley fizeram que muitos o aplaudissem e até o invejassem. Mas muito cedo ele teve de encarar a morte, assim como você e eu o faremos um dia. Estou confiante de que suas cadeias de morte podem ser agora alegremente trocadas por uma vida longa e paz interior. A fama e o talento não são nada comparados com o valor da nossa alma, que é mais preciosa. Nossas correntes de sucesso mundano podem parecer coisas boas durante um tempo, mas elas nos cegam para a morte, se permitirmos que assim aconteça.

VERDADE REVELADORA 24: *Não inveje o sucesso do mundo, pois é como uma corrente da morte.*

25 Marcando pontos

Nossa ambição deveria nos governar, ser o verdadeiro reino para cada um de nós; o progresso verdadeiro é saber mais, ser mais e fazer mais.
— Oscar Wilde

Provérbios 25.4-7

Remova a impureza da prata,
    e o artesão poderá moldar um fino cálice;
Remova o perverso da liderança,
    e a autoridade terá credibilidade e honrará o nome de Deus.
Não se ponha em evidência;
    não force o caminho para aparecer.
É melhor ser promovido a um lugar de honra
    que encarar a humilhação de ser rebaixado.

Qual é a sua maior ambição? Um amigo meu muito chegado sofreu muito na vida no que tange à frustração de sonhos não realizados. Não há nada de errado com um descontentamento saudável, mas não podemos viver sempre no mundo das nossas aspirações; algumas vezes precisamos viver no mundo das circunstâncias atuais. A sua ambição já o deixou para baixo? Você está zangado com Deus pelas realidades que enfrenta no seu dia a dia? Você precisa superar seus fracassos e desapontamentos?

Merlyn Mantle uma vez permitiu que eu a visitasse em sua casa e me mostrou os troféus ganhos por seu marido Mickey Mantle, o grande jogador de beisebol. Quando eu era menino, ficava hipnotizado por sua disputa com Roger Maris para quebrar o recorde estabelecido por Babe Ruth.[1]

Perdi a respiração quando toquei nas lembranças impressionantes daquele ícone do beisebol. Perguntei à sra. Mantle qual daqueles era o prêmio mais apreciado. Pensei que ela indicaria um dos muitos troféus, mas, para minha surpresa, ela disse que era o prêmio MVP, concedido pelos colegas do New York Yankee.[2] Isso porque esse prêmio foi dado por aqueles a quem ele mais desejava servir — os integrantes de seu próprio time. Para "Mic" aquele prêmio não representava o que ele pensava a seu próprio respeito ou mesmo o que estranhos pensavam sobre ele, mas o que seus colegas criam a respeito dele; e isso era o que mais importava. Essa é uma maneira segura de marcar pontos!

VERDADE REVELADORA 25: *Faça sempre o seu melhor, sabendo que Deus o exaltará e nunca o deixará cair.*

---

[1] Mickey Mantle, Roger Maris e Babe Ruth foram jogadores de beisebol muito famosos e admirados nos Estados Unidos. [N. do T.]
[2] MVP é a sigla para *Most Valuable Player* [Melhor jogador], prêmio concedido anualmente pelas ligas estadunidenses de beisebol. [N. do T.]

26 Um pedaço do céu

Em tempo de paz, prepare-se para a guerra.
— Flavius Renatus Vegetius

Provérbios 26.17-21

Intrometer-se numa discussão que não é da sua conta
 é como segurar um cachorro louco pelas orelhas.
Quem minimiza os resultados de suas palavras impensadas,
 dizendo: "Eu não quis dizer isso. Estava só brincando",
É pior que gente descuidada que põe fogo na mata.
Quando você fica sem madeira, o fogo se apaga;
 quando a fofoca termina, a discussão morre.
Numa discussão, o homem briguento
 é como querosene atirado ao fogo.

Andrew Carnegie fundou o Palácio da Paz e sua biblioteca em Haia, na Holanda, com uma doação de 1,5 milhão de dólares em 1903 — tudo isso como um esforço em prol da paz mundial. Se você fizer uma pesquisa no *website* dessa instituição e procurar por "Bíblia", vai encontrar 15 indicações, mas nenhuma delas é uma Bíblia de verdade. Você pode imaginar isso? Eles têm uma biblioteca especializada em paz e não têm uma única Bíblia, o maior livro já escrito a respeito deste tema.

A paz sempre será um sonho ilusório, a não ser que primeiro nos encontremos com o Príncipe da Paz, o próprio Jesus Cristo. É Cristo que nos pode dar serenidade para sermos bondosos diante da adversidade; é Cristo que nos dá capacidade para permanecermos em silêncio como resposta a palavras enfurecidas que nos são ditas; somente Cristo um dia trará paz à humanidade quando ele estabelecer seu reino, assim na terra como no céu.

Submeta-se à paz de Cristo. Permita que ele acalme seu ser interior. Você pode ser uma influência que acalma outras pessoas se estiver cheio de paz interior. A paz flui do coração. Esteja em sintonia com a paz do céu. Assim como Cristo disse à mulher samaritana no poço: "Quem beber da água que eu der nunca mais terá sede — nunca! A água que ofereço é como um poço artesiano interior, jorrando vida para sempre" (Jo 4.13, *A Mensagem*).

VERDADE REVELADORA 26: *Tanto quanto a paz estiver no seu interior, esteja em paz com todos.*

27 O amor fere

*Por que amar, se perder dói tanto? Não tenho
mais respostas; tenho apenas a vida que vivi.
A dor agora é parte da felicidade.*
— Anthony Hopkins, em *Terra das sombras*.[1]

Provérbios 27.5-9

A repreensão dita é melhor
   que uma aprovação nunca mencionada.
As feridas causadas por alguém que ama fazem bem,
   mas os beijos do inimigo são mortais.
Quando você se empanturra, acaba recusando até a sobremesa;
   quando está faminto, poderia comer um boi.
As pessoas que não param e ficam andando pra lá e pra cá
   são como pássaros agitados, esvoaçando pelo céu.
Assim como os cremes e os perfumes geram prazer para os sentidos,
   a doce amizade refresca a alma.

---

[1] O ator britânico Anthony Hopkins fez o papel do escritor e pensador cristão C. S. Lewis no filme *Shadowlands*, de 1993, que no Brasil teve o título *Terra das sombras*. [N. do T.]

Qualquer jovem que se tenha apaixonado concordará que o amor pode ferir. Mas, assim que a ferida tiver sido curada, será o primeiro a tentar amar novamente, por causa da alegria que o amor traz.

Lembro-me do meu primeiro amor. Era algo imaturo, doloroso, maravilhoso e sem futuro ao mesmo tempo. Quando acabou, eu poderia desistir de amar, ou aprender a lição e procurar um relacionamento melhor e mais satisfatório.

Escolhi a última opção e estou muito feliz por tê-lo feito. Vários anos mais tarde, encontrei o amor da minha vida, e estamos casados já há vinte e cinco anos. Nem sempre tem sido fácil. Para falar a verdade, houve momentos em que tenho certeza de que minha esposa se admirou de quão infeliz ela pôde ser. Mas esses pensamentos foram apenas momentâneos, e as alegrias compartilhadas têm sido imensas e abundantes.

Eu não sou a melhor pessoa do mundo com quem conviver. Minha adorável esposa tem seguidamente me abençoado por me amar em todos os momentos. Seu conselho honesto pode ferir algumas vezes, mas eu posso sempre depender dele. Ela me deu tudo que pode dar, e juntos temos dois filhos maravilhosos que são a culminação da nossa união de amor e compromisso.

O amor fere — mas é um sacrifício e uma dor que valem a pena. Nada me deu mais prazer para viver que o amor que encontrei em Lori e minha família. Eles são as pessoas mais próximas de mim, e, não importa o que aconteça, posso confiar minha vida a eles. Procure o amor, viva para o amor, e você o encontrará. Mas, para conservar o amor, você deve dedicá-lo a outras pessoas.

VERDADE REVELADORA 27: *Entregue-se aos que você ama; confie neles para ser fiel e aceite o que disserem sobre sua vida, como faria com qualquer outra atitude de amor.*

28 Pouco com Deus é muito

*Não julgue o dia pelo que você colheu,
mas pelo que você plantou.*
— Robert Stevenson

Provérbios 28.18-20

> Ande corretamente, viva bem e seja salvo;
>> a vida tortuosa resulta em condenação.
> Cultive sua horta, e terá bastante comida;
>> festeje o tempo todo, e terá um prato vazio.
> O trabalho compromissado e persistente tem sua paga;
>> esquemas para ganhar dinheiro fácil são pura ilusão.

O sucesso não acontece da noite para o dia. É o resultado de fidelidade em coisas pequenas ao longo de uma vida. Coisas pequenas que passam despercebidas podem agregar valor e contribuir para o sucesso — se você for persistente. Você pode edificar sua vida sob um conjunto consistente de pequenas realizações, não apenas sob um único sucesso gigantesco.

Eu me encontrei com Jim Ryun em 1980 na Califórnia. Como detentor do recorde mundial da corrida de uma milha por muitos anos, ele sabia o que significa colher os benefícios de horas e horas investidas durante um longo período de tempo. Você não se torna um corredor mundialmente reconhecido sem muita prática e disciplina pessoal. À medida que ouvia sua história, fiquei impressionado porque sua vida pessoal paralisou sua carreira de corredor. Isso é raro para qualquer coisa de grande valor que venha facilmente, mesmo para os mais capacitados.

Finalmente chegou o dia em que o recorde de Jim foi quebrado por um rapaz de 18 anos procedente da Virgínia. Que razão, se é que havia alguma, Jim Ryun tinha para ficar orgulhoso de ser um atleta de 36 anos, detentor de um recorde, mas agora superado por um aluno do ensino médio? Ele poderia nunca mais se recuperar; sua carreira de corredor poderia se acabar, bem como seu sentimento de realização. Mas Jim Ryun tinha algo mais — uma vida de serviço ao Senhor e a sua comunidade, durante toda a sua vida. Sim, sua fama deu-lhe uma plataforma, mas seria um lugar perigoso onde estar, se isso fosse tudo que tivesse conseguido. Agora ele está sobre uma base muito mais firme e mais sólida, rodeado por uma vida de realizações. Você colhe o que planta. Semeie generosidade e colherá generosidade. Semeie com mesquinhez e, por fim, ficará empobrecido quando se encontrar com a morte.

VERDADE REVELADORA 28: *Não coloque todos os seus ovos em uma única cesta. Plante muitos atos de valor ao longo da sua vida, e você ficará maravilhado com a colheita quando estiver velho.*

29 Não consigo chegar lá

O valor do casamento não está no fato de que adultos produzem crianças, mas que crianças produzem adultos.
— Peter de Vries

Provérbios 29.15,17,21,26

A disciplina sábia transmite sabedoria;
 adolescentes mimados envergonham os pais.
Discipline seus filhos, e viverá feliz —
 eles darão a você alegria desmedida.
Se você deixar que o tratem como capacho,
 depois será desprezado.
Muito estranho. Ninguém tem isso. A ideia é:
 Quem mima demais seu empregado depois terá problemas.
Todos tentam obter ajuda de quem lidera,
 mas só o Eterno fará justiça.

Algumas vezes há atalhos que as pessoas tentam pegar para ganhar tempo e energia em sua caminhada. Mas, no que diz respeito a liderar pessoas, não há atalhos. Tome como exemplo criar seus filhos. A disciplina é um ingrediente vital na receita da paternidade e da maternidade. Todos precisamos aprender a nos render à autoridade. Essa foi a falha básica do homem no jardim do Éden, e continuamos a cometer o mesmo erro hoje.

Investidores de grãos em Wall Street fizeram fortuna ao observar a direção que o mercado seguia e fazer o contrário. Um líder frequentemente tem a mesma oportunidade ao usar um grão de sabedoria convencional. As massas dizem que disciplinar nossos filhos quebrantará seu espírito, mas o líder sábio sabe que não é assim. A disciplina fará que seus filhos se tornem os adultos que você deseja que sejam.

Não é fácil dizer "não" aos que estão sob nossa autoridade, especialmente se cuidamos deles. Mas as gratificações no curto prazo não compensam os desapontamentos no longo prazo de uma vida arruinada e um coração endurecido.

Alguns dos piores fracassos que já vi na educação de filhos foram cometidos por líderes bem-sucedidos que nunca tratariam seus empregados de modo negligente. Somente Deus pode ajudar você a fazer o que é certo e transmitir uma bênção que dure a vida inteira aos seus filhos. Usar atalhos nesse processo de educação é algo frustrante. Becos sem saída com frequência se parecem com atalhos, mas você não chegará aonde quer se pegá-los.

VERDADE REVELADORA 29: *Um líder bem-sucedido sabe como administrar os que estão sob sua autoridade e deseja fazer o que é certo para eles.*

30 Dois cegos

*O dinheiro é o barômetro da virtude
de uma sociedade.* — Ayn Rand

Provérbios 30.8,9

"Elimina a mentira dos meus lábios
 e os mentirosos da minha presença.
Dá-me alimento suficiente para viver —
 nem muito nem pouco.
Se tiver muito, posso pensar que dependo só de mim
 e dizer: 'quem precisa de Deus?'.
Se tiver pouco, posso vir a roubar
 e assim desonrar o nome do meu Deus".

O que todos os homens têm em comum? Amor ao dinheiro e depender dele é uma delas. Esse vício afeta os ricos e os pobres. Os ricos sofrem o peso de conservar a riqueza, e os pobres são perturbados com o desejo de obtê-la. Para os dois grupos, o dinheiro pode ser uma maldição que afeta a vida e a maneira de ver a realidade.

Como podemos equilibrar nossa vida espiritual com as necessidades do mundo material? Um rico pode ser pobre espiritualmente, e um pobre pode ser rico em seu ser interior. O que move sua vida? Conheço poucos ricos que são verdadeiramente "ricos" e ao mesmo tempo conheço muitos pobres que verdadeiramente são ricos em sua alma.

Uma vez me assentei atrás de Ray Charles em um voo para a Califórnia e fiquei impressionado de ver como ele viajava sozinho e lidava com tudo muito bem, não apenas para uma pessoa cega, mas para qualquer pessoa. Ao meu lado estava um empresário muito rico que não lidava bem com a situação do voo. Ele parecia ter tudo materialmente, mas parecia ter perdido a percepção espiritual de reconhecer sua necessidade pessoal de um Salvador. Dois cegos: um fisicamente; o outro, espiritualmente. Qual você preferiria ser?

Vivemos em um mundo de contrastes. Já descobri que o dinheiro pode causar uma espécie de cegueira que é difícil para qualquer homem superar. O dinheiro nos torna autossuficientes e cria uma ilusão de sermos autossustentáveis. Um líder sábio reconhece que ter dinheiro não nos torna necessariamente bem-sucedidos, assim como ter olhos não necessariamente significa que saibamos ver. A cegueira tem muitas formas. Como está a sua visão?

VERDADE REVELADORA 30: *Não permita que o amor ao dinheiro cegue sua vida para o que é verdadeiramente importante ou valioso. O dinheiro é apenas uma ferramenta — ele não o torna rico.*

31 Uma descrição perfeita de liderança

*Excelência é fazer coisas ordinárias
extraordinariamente bem.*
— John W. Gardner

Provérbios 31.10-12,28,29

Uma boa mulher é difícil de encontrar,
  ela vale muito mais que diamantes.
O marido confia nela sem reservas,
  e disso nunca se arrependerá.
Ela não é irritada e o trata muito bem
  por toda a vida.
Os filhos a respeitam e dela falam bem;
  o marido não economiza elogios:
"Muitas mulheres têm feito coisas maravilhosas,
  mas você superou todas!".

Líderes reconhecem a excelência quando a veem. E o escritor desses versículos a viu na vida da mulher descrita nessa passagem. Qual é o valor da excelência? A excelência inspira confiança, lealdade, respeito e estabelece uma reputação que o seguirá aonde você for e enquanto viver. A mulher desses versículos foi líder em um contexto familiar e o fez com excelência. Que "família" você é chamado a liderar? Deus deseja excelência de você, não importa a situação.

Sou filho de médico e fui criado em uma família cristã conservadora em um bairro de classe média. Eu era uma criança muito grande e tive dificuldades em me adaptar a isso. Não tinha facilidade em relacionamentos sociais e sofri constantemente a dor dessa situação.

Algumas vezes estava triste e com raiva de Deus pelo que ele pusera sobre mim. Então, percebi que era assim e que aquele era o meu lugar. A unicidade da minha vida poderia ser vista como um dom e ser de fato vital para o adulto e líder que Deus queria que eu me tornasse? Pedi a Deus que me mostrasse como viver na minha situação, e esse foi um momento de virada na minha vida.

A mulher de Provérbios 31 foi excelente em tudo que a cada dia lhe foi designado fazer. Deus a apresenta nas Escrituras para nos mostrar excelência, força e beleza. É uma descrição perfeita do que Deus quer de seus líderes em todos os caminhos da vida; seja a pessoa que ele o criou para ser e tenha excelência, independentemente da sua situação.

VERDADE REVELADORA 31: *Celebre a excelência e descubra um mundo de oportunidades da parte de Deus.*

PROVÉRBIOS

AS PALAVRAS SÁBIAS DE SALOMÃO
UM MANUAL PARA A VIDA

1 ¹⁻⁶ Estas são as palavras sábias de Salomão,
　　filho de Davi, rei de Israel,
Escritas para nos ensinar a viver de modo bom e justo,
　　para entendermos o verdadeiro sentido da vida.
É um manual para a vida,
　　para aprendermos o que é certo, justo e honesto;
Parar ensinar aos inexperientes como a vida é,
　　e dar aos jovens uma compreensão da realidade.
Há aqui também lições até para quem é vivido,
　　e ensino para os mais experientes —
Mais sabedoria para examinar e compreender profundamente
　　a própria vida, provérbios e palavras sábias.

COMECE COM O ETERNO

⁷ Tudo começa com o Eterno — ele é a chave de tudo!
　　Todo conhecimento e entendimento vêm dele!
Só os ignorantes esnobam tal sabedoria.

⁸⁻¹⁹ Preste muita atenção, amigo, ao que seu pai diz
　　e nunca se esqueça do que aprendeu desde o colo da sua mãe.
Use seus conselhos como coroa na cabeça
　　em sinal de orgulho, dignidade e honra.
Amigo, se as más companhias são uma tentação,
　　caia fora enquanto é tempo.
Se dizem: "Vamos sair para 'aprontar'.
　　Vamos sair por aí batendo e roubando para nos divertir.
Vamos deixá-los sem nada,
　　queremos vê-los morrer.
Pegaremos o que pudermos
　　e levaremos tudo para casa.
Venha com a gente! Isso é que é diversão!
　　Dividimos tudo em partes iguais".

Ah, amigo. Nem olhe mais para essa gente;
   e simplesmente dê as costas.
Eles correm para a própria destruição,
   arruínam tudo em que põem a mão.
Ninguém rouba um banco
   enquanto todos estão olhando.
Mas é exatamente o que eles fazem —
   estão arriscando a vida.
Sabe o que acontece quando a ganância toma o controle:
   quanto mais você tem, menos você é.

A SABEDORIA

20-21 A sabedoria sai à rua e grita,
   e no centro da cidade, faz seu discurso.
No meio da rua agitada, toma seu lugar,
   e na esquina mais movimentada, ela grita:

22-24 "Ignorantes! Até quando vocês terão prazer na ignorância?
   Cínicos! Até quando alimentarão seu cinismo?
   Cabeças-duras! Até quando se recusarão a aprender?
   Deem meia-volta! Posso mudar sua vida.
Estou pronta para derramar meu espírito de sabedoria,
   e para dizer a vocês tudo que sei.
Mas eu chamo, chamo, e vocês se fingem de surdos;
   tento me aproximar de vocês, mas sou ignorada.

25-28 "Vocês riem do meu conselho
   e fazem pouco caso da minha repreensão:
Como posso levá-los a sério?
   Pois então, vou virar a mesa e rir da sua desgraça!
O que podem fazer se a casa cair
   e sua vida se despedaçar?
E se a catástrofe atingir vocês e acabar com sua vida,
   deixando apenas um monte de cinzas?
Aí, vocês precisarão de mim.
   Vão me chamar, mas não esperem resposta.
   E não importa quanto vocês procurem, não me encontrarão.

²⁹⁻³³ "Porque vocês desprezaram o conhecimento
    e não deram a mínima para o temor do Eterno,
Porque vocês não aceitaram meu conselho
    e ignoraram todas as minhas ofertas de ensinamento,
Vocês fizeram a própria cama: agora, deitem nela!
    Quiseram a coisa do seu jeito: o que mais esperam?
Não enxergam o que acontece, seus ignorantes?
    A negligência mata; a arrogância leva à destruição.
Mas, se vocês me derem atenção,
    poderão ficar tranquilos, pois estarão em boas mãos".

FAÇA DA SABEDORIA SUA PRIORIDADE

2 ¹⁻⁵ Amigo, leve a sério o que estou dizendo:
    guarde meus conselhos, tenha-os com você a vida inteira.
Fique de ouvidos atentos para a sabedoria,
    firme seu coração numa vida de entendimento.
Isto mesmo: se fizer da sabedoria a sua prioridade
    e pedir discernimento de todo o coração,
Buscar sabedoria como se busca por ouro puro
    e como se procura o grande tesouro escondido,
acredite, antes que se dê conta, entenderá como honrar o Eterno
    e terá descoberto o conhecimento de Deus.

⁶⁻⁸ E o motivo é este: o Eterno distribui sabedoria de graça
    e é generoso em dar conhecimento e entendimento.
Ele é uma mina de bom senso para os que desejam viver bem,
    e protege como um guarda-costas quem é justo e sincero.
Ele dirige os passos dos que vivem honestamente
    e dá atenção especial aos que lhe são fiéis.

⁹⁻¹⁵ Assim, agora que você pode escolher o que é verdadeiro e justo
    descubra todos os bons caminhos!
A sabedoria será a sua melhor amiga;
    o conhecimento, sua companhia agradável.
O bom senso irá à frente, para protegê-lo,
    e o discernimento ficará de olho em você.
Eles o guardarão de tomar decisões erradas
    ou de seguir na direção indevida

Daqueles que se perderam completamente
  e não conseguem mais diferenciar a trilha da mata,
Dos que são maus e adoram fazer o jogo da maldade
  e celebram a perversidade,
Que andam por caminhos que levam a becos sem saída,
  e vagam por labirintos que os desviam do caminho certo.

16-19 Só a sabedoria poderá livrá-lo da sedução da pervertida —
  aquela, de fala persuasiva,
Que é infiel ao marido, seu companheiro desde a juventude,
  e faz pouco caso dos votos feitos diante de Deus.
Seu estilo de vida é condenável,
  e cada passo a conduz para mais perto do inferno.
Quem se junta a ela não consegue voltar,
  jamais porá os pés de volta no caminho da vida.

20-22 Então, junte-se à companhia de pessoas de bem,
  mantenha os pés no caminho da justiça.
Pois as pessoas de bem é que habitarão esta terra;
  gente íntegra é que permanecerá aqui.
Os corruptos perderão a vida;
  os desonestos partirão definitivamente.

NÃO PENSE QUE VOCÊ SABE TUDO

3 1-2 Bom amigo, não se esqueça do que ensinei a você:
  guarde meus conselhos no coração.
Eles o ajudarão a viver muito, muito tempo,
  e você terá anos de muita paz.

3-4 Não largue mãos do amor e da lealdade.
  Use-os como colar no pescoço e grave suas iniciais no coração.
Assim, você conquistará uma reputação
  por viver bem aos olhos de Deus e das pessoas.

5-12 Confie no Eterno do fundo do seu coração;
  não tente resolver tudo sozinho.
Ouça a voz do Eterno em tudo que fizer, aonde for.
  Ele manterá você no melhor caminho.

Não pense que você sabe tudo.
    Corra para o Eterno! Fuja do mal!
Seu corpo irradiará saúde,
    seus ossos irão vibrar de tanta vida!

Honre o Eterno com tudo que você possui:
    dê a ele o primeiro e o melhor.
Seu celeiro se encherá até não dar mais,
    seus barris de vinho transbordarão.
Mas não se ressinta, amigo, da disciplina do Eterno;
    não se aborreça com sua correção amorosa.
Pois o Eterno corrige os filhos porque os ama muito;
    como pai, só quer o bem de seus filhos.

A VERDADEIRA ÁRVORE DA VIDA

13-18 Você é abençoado quando se encontra com a sabedoria,
    quando faz amizade com o entendimento.
Ela vale mais que dinheiro no banco;
    sua amizade é melhor que um salário bem gordo.
Seu valor excede todas as joias mais caras:
    nada que você possa desejar se compara a ela.
Com uma das mãos, ela garante vida longa;
    com a outra, concede reconhecimento e honra.
Os caminhos por onde a sabedoria leva são belos;
    e traz uma paz maravilhosamente completa.
Ela é a verdadeira Árvore da Vida para os que a abraçam.
    Segure-a bem firme — e seja abençoado!

19-20 Com a sabedoria, o Eterno formou a terra;
    com o entendimento, ele ergueu o céu.
Foi a sabedoria que deu sinal para os rios e nascentes subirem à superfície
    e para o orvalho descer dos céus noturnos.

NÃO FUJA

21-26 Amigo, guarde o equilíbrio e o bom senso:
    não os perca de vista nem por um minuto.
Eles guardarão sua alma viva e feliz,
    manterão você saudável e alegre.

Você andará em segurança,
  não se cansará nem sofrerá acidentes.
Você poderá se deitar com toda tranquilidade,
  aproveitar uma boa noite de sono e descansar bem.
Não precisa se preocupar com catástrofes, nem com imprevistos,
  nem com o dia do juízo que atinge os maus,
pois o Eterno está com você:
  ele o manterá são e salvo.

27-29 Não deixe de ajudar alguém que precisa:
  suas mãos são como as mãos de Deus para aquela pessoa.
Não diga ao próximo: "Talvez outro dia";
  Ou: "Passe amanhã",
  quando o dinheiro está na sua carteira.
Não pense em meios de tirar vantagem de ninguém
  enquanto ele está tranquilo, sem suspeitar de nada.

30-32 Não ande por aí procurando briga,
  principalmente quando não há motivo.
Não tente ser como os que partem para a violência em tudo.
  Para que ser briguento? "E por que não?", você se pergunta.
Porque o Eterno não suporta gente perversa.
  Mas o justo conquista o respeito e a amizade dele.

33-35 A maldição do Eterno derruba a casa do perverso,
  mas ele abençoa o lar dos justos.
Ele trata os céticos arrogantes com desprezo,
  mas trata com bondade aquele que precisa e sabe pedir ajuda.
Quem vive com sabedoria terá recompensa com honras;
  a vida insensata só recebe prêmio de consolação.

SUA VIDA ESTÁ EM JOGO

4 1-2 Ouçam, amigos, estes são conselhos de pai.
  Prestem bastante atenção, e saberão como viver.
Os conselhos que dou a vocês são bons e muito importantes:
  não deixem entrar por um ouvido e sair pelo outro.

3-9 Quando eu era garoto e ainda no colo do meu pai
  sendo o orgulho e a alegria da minha mãe,

Com paciência ele me ensinava:
"Guarde isto no coração. Faça o que eu digo: viva!
Se precisar, venda tudo e compre a sabedoria! Procure entendimento!
Não esqueça uma só palavra! Não se desvie nem um centímetro!
Nunca ande longe da sabedoria — ela guarda sua vida.
Trate de amá-la, pois sempre cuidará de você.
Acima de tudo: alcance a sabedoria.
Escreva no topo da lista: 'Entendimento'.
Agarre-a com firmeza — acredite, você não se arrependerá.
Nunca a deixe partir, porque ela fará sua vida gloriosa,
Cheia da indescritível e maravilhosa graça,
ela enfeitará seus dias com a mais pura beleza".

10-15 Amigo, aceite meu conselho:
ele dará a você mais alguns anos de vida.
Ensinei a você o caminho da sabedoria,
e fiz o mapa que o leva à justiça.
Não quero que você termine num beco sem saída
ou perca tempo fazendo retornos inúteis.
Apegue-se aos bons conselhos; não seja relapso.
Guarde-os bem, pois sua vida está em jogo!
Não pegue o atalho do mal.
Não desvie seus passos do caminho certo.
Fique longe de atalhos, evite-os a todo custo.
Desvie-se deles e continue seu caminho.

16-17 Os perversos são impacientes,
não sossegam enquanto não causam problemas.
Eles não conseguem ter uma boa noite de sono,
a não ser que tenham desgraçado a vida de alguém.
A perversidade é seu alimento e sua bebida;
a violência, seu remédio preferido.

18-19 Os caminhos dos justos resplandecem com a luz:
quanto mais vivem, mais brilham.
Mas o caminho da injustiça é escuridão cada vez maior:
o injusto não vê nada, tropeça e cai, mas nem sabe em que tropeçou.

DECORE ISTO

20-22 Amigo, ouça bem as minhas palavras;
dê ouvidos à minha voz.
Mantenha esta mensagem à vista o tempo todo.
Decore! Guarde na mente e no coração.
Quem encontra essas palavras vive de verdade:
eles são saudáveis de corpo e alma.

23-27 Vigie sempre os seus pensamentos:
deles depende a sua vida!
Não se distraia com conversas maldosas;
evite a falsidade, mentiras e fofocas.
Mantenha os olhos fixos à frente;
não se distraia com coisas fúteis.
Olhe sempre por onde anda,
e que o chão onde pisar seja bem firme.
Não olhe nem para a direita nem para a esquerda:
e fique bem longe da maldade.

VAI DESPERDIÇAR SUA VIDA?

5 1-2 Amigo, preste muita atenção à minha sabedoria;
ouça atentamente tudo sobre o meu entendimento.
Assim, você terá bom senso e conhecimento
e ficará longe de confusão.

3-6 Os lábios da mulher devassa são doces;
suas palavras suaves, muitos agradáveis.
Mas não demorará muito até que ela se torne amarga em sua boca,
uma enorme ferida no coração, uma ameaça constante à vida.
Ela toma o caminho mais curto para a morte;
desce rápido para o além — e leva você junto!
Ela não tem ideia do que é a vida de verdade,
nem de quem ela é, nem para onde está indo.

7-14 Então, meu amigo, ouça atentamente,
não faça pouco caso das minhas palavras:
Mantenha distância de mulheres como essa.
Nem passe perto da casa dela!

Você não vai querer desperdiçar a vida
   nem gastar sua preciosa existência com essa gente cruel.
Por que permitir que estranhos se aproveitem de você?
   Por que ser explorado por quem não dá a mínima para você?
Você não quer chegar ao fim da vida cheio de arrependimento,
   todo detonado e dizendo:
"Oh! Por que não fiz o que me disseram?
   Por que rejeitei quando me repreenderam?
Por que não ouvi meus mentores
   e não levei a sério meus mestres?
Minha vida está arruinada!
   Não me restou absolutamente nada!'".

CUIDE DO AMOR: NÃO PENSE QUE ESTÁ GARANTIDO PARA SEMPRE

15-16 Você conhece o ditado: "Beba da sua cisterna,
   e tire água do próprio poço"?
É verdade. Atenção! Você pode chegar em casa um dia
   e encontrar seu barril vazio e seu poço poluído.

17-20 A água da sua fonte é só sua,
   não para circular entre estranhos.
Abençoada seja a sua fonte de águas refrescantes!
   Alegre-se com a sua esposa e companheira desde jovem,
Que é amável como um anjo, linda como uma flor —
   nunca deixe de se deleitar em seu corpo.
Nunca ache que o amor está garantido para sempre,
   mas conquiste a mesma mulher todos os dias.

Por que trocar a intimidade verdadeira por prazer momentâneo
      com uma prostituta
   ou por um flerte com uma promíscua qualquer?

21-23 Lembre-se de que o Eterno não perde um movimento seu:
   ele está atento a\ cada passo que você dá.
A sombra do seu pecado virá sobre você,
   e você se verá perdido na escuridão.
A morte é a recompensa da vida insensata:
   suas decisões impensadas o levarão a um beco sem saída.

COMO UMA CORÇA E O CAÇADOR

6 ¹⁻⁵ Amigo, se você está em dívida com seu vizinho;
se está preso em algum negócio com um estranho;
Se, no impulso, você prometeu dar a casa em garantia
e agora ficou sem lugar para morar —
Não perca nem um minuto: livre-se dessa confusão.
Você está nas mãos daquele homem!
Deixe o orgulho de lado, vá e se humilhe, peça e insista.
Não deixe para depois —
não há tempo a perder.
Livre-se disso como a corça se livra do caçador;
como o pássaro, do armador de laços!

A LIÇÃO DA FORMIGA

⁶⁻¹¹ Você, preguiçoso, olhe para a formiga.
Observe-a e aprenda alguma coisa com ela.
Ninguém precisa dizer o que fazer — não tem chefe nem patrão,
mas ela estoca alimento durante o verão
e, durante a colheita, armazena provisão.
E você, por quanto tempo vai ficar vadiando, sem fazer nada?
Quanto tempo ainda vai ficar na cama?
Um cochilo aqui, uma soneca lá; uma folga aqui, um descanso lá,
sempre encostado em algum lugar — sabe o que você vai ter?
Apenas isto: uma vida pobre e miserável,
na qual as necessidades são permanentes!

SEMPRE MAQUINANDO ALGO TORPE

¹²⁻¹⁵ O mau-caráter anda por todos os lados
falando coisas maldosas, espalhando veneno.
Numa piscada, trama golpes, passa a perna no outro,
e ainda, por trás das costas, cruza os dedos.
Em sua mente doentia sempre fica maquinando algo torpe,
não para de incitar confusão.
Mas ele não perde por esperar: a catástrofe está bem perto,
verá o caos total: a vida dele desabará, e não haverá conserto.

SETE COISAS QUE O ETERNO DETESTA

¹⁶⁻¹⁹ Aí estão as seis coisas que o Eterno detesta
e as sete que ele não tolera:

olhos arrogantes,
língua que profere mentiras,
mãos que matam o inocente,
coração que planeja maldades,
pés que correm pela trilha da impiedade,
boca que mente e é cheia de falsidade,
e aquele que provoca brigas e discórdia entre irmãos.

ADVERTÊNCIA SOBRE O ADULTÉRIO

20-23 Caro amigo, siga o conselho do seu pai
e não ignore os ensinamentos da sua mãe.
Cubra-se com eles da cabeça aos pés,
vista-os como xale em volta do pescoço.
Por onde quer que ande, eles guiarão você;
quando descansar, guardarão você;
quando acordar, eles o ensinarão.
Pois o conselho é como farol que guia;
o bom ensinamento é luz que clareia;
disciplina e advertências são caminho de vida.

24-35 Eles o protegerão das mulheres devassas,
da sua conversa sedutora e leviana.
Não fique fantasiando ao ver sua beleza;
não se deixe levar por seus olhos cheios de malícia.
Pois uma prostituta tem seu preço definido,
mas a mulher devassa pode devorá-lo vivo.
Dá para pôr fogo no colo
sem queimar as calças?
Pode andar descalço sobre brasas
sem queimar e ficar cheio de bolhas?
É isso que acontece quando você se deita com a mulher do outro.
Toque nela, e pagará caro por isso.
A fome não é desculpa
para o ladrão roubar.
Se ele for pego, terá de restituir,
ainda que precise penhorar a própria casa.
O adultério é um ato insano,
arrasador e autodestrutivo:

Sairá cheio de ferimento, detonado,
  e com a reputação totalmente arruinada,
Pois o marido enganado e traído
  não vai enxergar nada de tanta raiva;
E não importa o que você faça ele vai querer se vingar;
  não há suborno ou argumentos que poderão acalmá-lo.

VESTIDA PARA SEDUZIR

7 1-5 Amigo, faça o que eu digo:
  guarde meus ensinamentos dentro do coração.
Obedeça ao que eu digo, e viverá bem.
  Guarde os meus ensinos como a coisa mais preciosa.
Escreva-os de modo que sempre estejam à mão;
  grave-os no seu coração.
Converse com a sabedoria como se fosse uma irmã.
  Trate o entendimento como seu companheiro.
Eles o ajudarão a se defender da mulher devassa —
  da conversa sedutora, do apelo dos seus lábios.

6-12 Eu estava à janela da minha casa,
  olhando entre as cortinas,
Observando gente inexperiente que passava,
  e percebi um jovem sem rumo na vida.
Ele ia até o fim da rua
  e depois voltava.
Ao cair da tarde, já escurecida
  enfim, a noite chegava.
Só então, a mulher o recebeu em casa —
  deitada, esperava por ele, vestida para seduzi-lo.
Ela é provocante e descarada;
  inquieta, ela quase nunca está em casa.
Caminha pelas ruas, cada hora está num lugar,
  e se detém em cada esquina.

13-20 Ela se atirou nos braços dele, agarrou-o e o beijou.
  Sem o menor pudor, pegou-o pelo braço e disse:
"Fiz todos os preparativos para uma festa —
  Paguei meus votos, e o que sobrou de comida está comigo.

Eu estava mesmo à sua procura,
   estava louca atrás de você e aqui está!
Estendi lençóis de seda fina:
   a cama está preparada, linda;
Está toda perfumada
   com delicioso e agradável aroma.
Venha, vamos nos saciar de amor a noite toda,
   das delícias do prazer desfrutar!
Meu marido não está em casa:
   está viajando a trabalho e vai demorar para voltar".

21-23 Logo, ele estava comendo na mão dela,
   enfeitiçado por suas palavras melosas.
Antes que percebesse, foi atrás dela,
   como um bezerro levado ao matadouro;
Como um coelho atraído para uma emboscada
   que logo será atravessado pela flecha;
Como um pássaro que voa para dentro da armadilha,
   sem saber que ali está o fim da sua vida.

24-27 Então, amigo, ouça-me com atenção,
   leve minhas palavras a sério.
Mantenha distância de mulheres como essa.
   Nem passe perto da casa dela!
São incontáveis as vítimas dos seus encantos;
   ela é a morte de pobres homens.
Ela é o caminho mais curto para a morte;
   é a estrada que desce para o caixão!

A SABEDORIA CHAMA

8 1-11 Está ouvindo a sabedoria chamar?
   Está ouvindo o entendimento erguer a voz?
Ela se instalou na rua principal,
   na esquina mais movimentada.
Na praça central,
   no meio da multidão, ela grita:
"Ei, vocês! Estou falando com vocês,
   bando de gente inexperiente!

Ouçam: aprendam a ter bom senso!
 E vocês, insensatos, tomem jeito!
Não percam uma só palavra, pois o que ensino a vocês
 é muito importante.
Minha boca prova e saboreia a verdade —
 não posso nem suportar o gosto da maldade!
Da minha boca só ouvirão palavras verdadeiras e corretas:
 sem nenhuma ideia distorcida.
Para um bom entendedor, ficará claro que é a pura verdade
 e, para um bom conhecedor, que tudo é certo.
Prefiram minha disciplina de vida à corrida pelo dinheiro,
 e o conhecimento de Deus a uma carreira bem-sucedida.
Pois a sabedoria é melhor que toda riqueza do mundo:
 nada do que desejam pode ser comparado a ela.

12-21 "Eu sou a sabedoria e moro perto do entendimento;
 tenho conhecimento e bom senso.
O temor do Eterno significa odiar o mal —
 eu odeio o mal com todas as forças,
 o orgulho, a arrogância e a conversa venenosa.
O meu conselho é bom, essa é a minha função;
 dou entendimento e novas forças para viver.
Com a minha ajuda, os líderes comandam,
 e os que fazem as leis legislam com justiça.
Também é com a minha ajuda
 que governantes lideram com autoridade legítima.
Eu amo os que me amam;
 os que me procuram me encontram.
Riqueza e glória me acompanham —
 também a honra e a dignidade.
Os benefícios que dou são melhores que o mais puro ouro
 e a recompensa que dou é muito superior às mais finas joias.
Vocês podem me encontrar no caminho que leva à justiça
 e onde quer que exista gente honesta,
Distribuindo riqueza aos que me amam,
 mostrando-lhes como se vive a vida!

22-31 "O Eterno me criou primeiro,
 antes de qualquer outra criatura.

Trouxe-me à existência há muito tempo,
    bem antes de a terra ter seu início.
Entrei em cena antes do próprio mar,
    mesmo antes das fontes, dos rios e lagos.
Antes que as montanhas fossem esculpidas
    e as colinas tomassem forma, eu já era nascida.
Muito antes de o Eterno criar a terra,
    de formar tudo que existe no mundo
E de estabelecer o céu em seu lugar,
    eu já estava lá.
Quando ele impôs limites ao mar,
    colocou as nuvens no céu
    e estabeleceu as fontes que alimentam o oceano;
Quando ele traçou fronteiras para o mar,
    para que as águas não ultrapassassem além;
Quando assentou as fundações da terra,
    eu já estava com ele, ajudando como arquiteto.
Dia após dia, eu era a sua alegria
    e desfrutava a sua companhia;
Encantava-me com o mundo criado
    e celebrava por estar entre os seres humanos.

32-36 "Então, ouçam com atenção, meus amigos:
    como são abençoados os que adotam os meus caminhos!
Façam a escolha certa: sigam os meus conselhos
    e não desperdicem sua vida tão preciosa.
Abençoado o homem que me ouve,
    que está sempre na expectativa de me ter como companheira
    e se mantém alerta para o que eu digo.
Pois quem me encontra a verdadeira vida encontra,
    e conquista o coração do Eterno.

Mas quem me rejeita comete violência contra si mesmo
    e quem me despreza quer a própria morte".

CONVITE AO BANQUETE: FAÇA SUA ESCOLHA!

9   1-6   A sabedoria construiu e decorou sua casa,
    que é sustentada por sete vigas bem talhadas.

O banquete está pronto para ser servido:
   a mesa arrumada, o cordeiro assado, vinhos selecionados.
A sabedoria deu ordens a seus servos,
   que foram ao centro da cidade fazer o convite:
"Vocês, inexperientes, que vivem uma vida confusa,
   venham comigo! Sim, venham ao meu banquete!
Preparei uma comida deliciosa: pão tirado do forno,
   cordeiro assado e vinhos selecionados.
Abandonem essa vida confusa! Tenham bom senso!
   Venham conhecer a vida que faz sentido".

7-12 Quem discutir com um arrogante será desprezado,
   quem tentar repreender seu mau comportamento só terá insulto.
Não perca tempo com o zombador!
   Tudo que vai conseguir é aborrecimento!
Mas, se corrigir o que tem entendimento,
   a história será diferente: ele passará a amá-lo!
Guarde o conselho para o sábio, e ele se tornará ainda mais sábio.
   Ensine gente sensata, aí, sim, fará bom proveito.
Tudo começa com o Eterno — ele é a chave de tudo!
   A sabedoria vem do temor do Eterno e o entendimento
   vem do conhecimento do Deus Santo.
Eu, a sabedoria, torno cada momento da sua vida mais proveitoso,
   e cada instante da sua existência valerá a pena.
Faça sua escolha: viva com sabedoria e viva bem;
   ou zombe da vida e a vida zombará de você.

QUANTA LOUCURA!

13-18 A insensatez é como uma mulher devassa —
   ignorante, mas sedutora e atrevida.
Senta-se na varanda de sua casa,
   numa das mais importantes ruas,
Olha as pessoas passando e grita:
"Vocês, inexperientes, que vivem uma vida confusa,
   Venham comigo, e mostrarei a vocês o que é diversão!
      Sim, venham comigo! O fruto proibido é muito mais gostoso!".
Mas eles nem imaginam que vão entrar numa fria,
   é uma grande roubada!
Todos os seus convidados acabaram mortos, na sepultura.

OS SÁBIOS PROVÉRBIOS DE SALOMÃO
A VIDA HONESTA LIVRA DA MORTE CERTA

10 ¹ O filho sábio é a alegria do pai;
   o filho insensato é a tristeza da mãe.

² Dinheiro de ganhos desonestos não leva a nada,
   mas a vida honesta livra da morte certa.

³ O Eterno cuida de quem faz o bem,
   mas acaba com a ganância dos maus.

⁴ A preguiça leva à pobreza,
   mas o trabalho diligente traz riqueza.

⁵ Trabalhe enquanto o Sol brilha — isso é sensato!
   mas, se dorme enquanto outros trabalham, é pura estupidez!

⁶ Quem é justo recebe chuva de bênçãos,
   mas o perverso abriga consigo a violência.

⁷ O homem bom é lembrado com carinho — é pura bênção!
   mas o que foi mau logo é esquecido — é só podridão!

⁸ O coração sábio aceita ordens e ensinamentos,
   mas o que não tem juízo perde o controle; fica em ruínas!

⁹ A vida honesta é tranquila e segura,
   mas o malandro receberá o seu troco.

¹⁰ Quem conspira para o mal causa desgosto,
   e quem fala com insensatez é arruinado.

¹¹ Quem fala com justiça é como fonte que dá vida,
   mas a boca do perverso é um poço de violência.

¹² O ódio causa divisões,
   mas o amor cobre as falhas.

¹³ Quem tem entendimento fala com sabedoria nos lábios,
mas quem não tem juízo merece a vara.

¹⁴ O sábio acumula conhecimento — um verdadeiro tesouro —
mas quem fala com insensatez fica completamente arruinado.

QUEM ACEITA A DISCIPLINA LEVA OS OUTROS À VIDA

¹⁵ A riqueza do rico é a sua fortaleza,
mas a pobreza do pobre é sua ruína.

¹⁶ A recompensa do justo é a vida exuberante,
mas o perverso apenas acumula castigo.

¹⁷ Quem aceita a disciplina traz vida a outros,
mas quem a ignora perde o rumo e os outros desencaminha.

¹⁸ Quem esconde em si o ódio é hipócrita;
quem espalha calúnias não tem juízo.

¹⁹ Quando muito se fala, maior é o risco de pecar;
por isso, o sábio mede bem suas palavras.

²⁰ O discurso do justo é digno de atenção,
mas a mente do que é mau não vale nada.

²¹ As palavras dos justos ajudam muitos,
mas os insensatos morrem pela falta de juízo.

O TEMOR DO ETERNO PROLONGA A VIDA

²² A bênção do Eterno torna rica a vida;
o esforço humano nada altera nem acrescenta.

²³ O insensato se diverte ao praticar a maldade,
mas quem tem juízo se alegra com a sabedoria.

²⁴ Os pesadelos do perverso se tornam realidade;
o que os justos desejam lhes é concedido.

²⁵ Ao passar a tempestade, o perverso já era — simplesmente desaparece —,
   mas o justo fica firme para sempre.

²⁶ O empregado preguiçoso não é alegria para seu patrão:
   é como um gosto amargo na boca e fumaça nos olhos.

²⁷ O temor do Eterno prolonga a vida,
   mas a vida do perverso é abreviada.

²⁸ As aspirações do justo acabam em festa;
   as ambições do perverso não dão em nada.

²⁹ O Eterno é amparo para os que praticam o bem,
   mas é desgraça para os que são maus.

³⁰ Nada pode abalar o justo,
   mas o perverso em breve desaparecerá.

³¹ A boca do justo é uma fonte cristalina de sabedoria,
   mas a boca do insensato é um pântano de águas paradas.

³² O justo sabe falar de coisas amáveis,
   mas o perverso só destila veneno.

SEM DIRECIONAMENTO, O POVO SE PERDE

11 ¹ O Eterno odeia qualquer tipo de fraude,
   mas aprova a transparência e a honestidade.

² O arrogante cai de cara no chão,
   mas os humildes por sua sabedoria permanecem firmes.

³ A integridade guia o honesto para o bom caminho,
   mas a falsidade leva o desonesto à destruição.

⁴ As riquezas não servem para nada no dia do juízo,
   pois só a justiça livra da morte.

⁵ A integridade abre caminhos para uma vida reta,
   mas os maus são destruídos pela própria maldade.

⁶ A honestidade do justo é o seu melhor seguro,
  mas os desonestos são apanhados em sua própria ambição.

⁷ Quando o perverso morre, tudo acaba:
  e toda esperança, depositada nas riquezas, se vai.

⁸ O justo é salvo de toda aflição;
  e o perverso corre direto para ela.

⁹ A língua solta dos perversos espalha destruição;
  o bom senso dos justos os preserva.

¹⁰ Quando tudo vai bem para os justos, a cidade inteira aplaude;
  quando tudo vai mal para os perversos, a cidade pula de alegria.

¹¹ Quando o justo abençoa a cidade, ela prospera,
  mas, num piscar de olhos, o perverso consegue destruí-la.

¹² O insensato calunia os outros,
  mas o que tem juízo sabe calar-se.

¹³ Ao fofoqueiro não se pode confiar um segredo,
  mas quem merece confiança a sete chaves o guarda.

¹⁴ Sem direcionamento, o povo se perde,
  mas, quanto mais conselheiros sábios, melhores soluções.

¹⁵ Servir de fiador é sofrimento na certa;
  Recusar-se é inteligente e seguro.

¹⁶ A mulher bondosa conquista respeito,
  mas o violento só se apropria de coisa roubada.

UMA VIDA MOLDADA POR DEUS

¹⁷ Quem é bom com os outros a si mesmo ajuda,
  mas quem é cruel provoca o próprio mal.

¹⁸ O perverso tem resultados frustrantes;
  mas quem pratica a justiça tem recompensa garantida.

¹⁹ Quem permanece firme na justiça de Deus viverá,
mas quem corre atrás do mal acabará morrendo.

²⁰ O Eterno não suporta enganadores,
mas tem prazer nos que vivem corretamente.

²¹ Tenham certeza disto: o perverso não se livrará do castigo,
mas o justo será poupado.

²² Como um anel de ouro no focinho do porco,
assim é uma mulher bonita que não tem discrição.

²³ O desejo do justo conduz à felicidade,
mas a ambição do perverso só pode esperar castigo.

²⁴ Quem dá com generosidade ganha cada vez mais,
mas quem é avarento acaba perdendo tudo.

²⁵ Quem abençoa os outros é muito abençoado;
quem ajuda os outros também recebe ajuda.

²⁶ Que a maldição caia sobre os especuladores!
Sejam abençoados os que negociam honestamente!

²⁷ Quem procura fazer o bem é respeitado,
mas o que busca o mal com certeza o encontra.

²⁸ Quem confia em bens materiais cairá do cavalo,
mas quem é moldado por Deus florescerá e dará bons frutos.

²⁹ Quem não cuida de sua família acabará de mãos vazias;
o insensato será escravizado pelo sábio.

³⁰ A retidão é como árvore que dá vida;
e o sábio conquista muita gente.

³¹ Se os justos recebem o que merecem na terra,
o que se dirá dos maus e dos perversos!

SE VOCÊ GOSTA DE APRENDER

12 ¹ Quem gosta de aprender também ama a disciplina;
é estupidez recusar a correção!

² Quem faz o bem é aprovado pelo Eterno,
mas ele condena quem planeja o mal.

³ Sobre o mal ninguém poderá firmar-se,
mas quem firma raízes em Deus permanece firme.

⁴ A esposa amável revigora o marido,
mas a mulher que o envergonha é um câncer nos ossos.

⁵ O pensamento de gente de princípios contribui para a justiça,
mas as conspirações do mau-caráter a corrompem.

⁶ As palavras do perverso matam,
mas o discurso do justo salva.

⁷ Os perversos se despedaçam e desaparecem,
mas os lares dos justos permanecem firme.

⁸ Quem demonstra bom senso no falar é honrado,
mas quem tem coração perverso é desprezado.

⁹ Mais vale ser simples e trabalhar duro para viver
que fingir ser importante e não ter o que comer.

¹⁰ Os justos são bons, até mesmo com os animais,
mas até as "boas atitudes" dos perversos são cruéis.

¹¹ Quem trabalha tem comida na mesa,
mas quem persegue caprichos e fantasias é insensato.

¹² Tudo que o perverso constrói vem abaixo no final,
mas as raízes dos justos produzem cada vez mais vida.

OS SÁBIOS PEDEM CONSELHO

13 A fofoca traz problemas para o fofoqueiro,
    mas o justo se mantém bem longe delas.

14 Cada um colhe o fruto daquilo que fala
    e recebe recompensa pelo que faz.

15 O insensato teima em fazer tudo do seu próprio jeito,
    mas o sábio pede e ouve os conselhos.

16 O insensato tem pavio curto e explode na hora,
    mas o prudente ignora o insulto e mantém a calma.

17 Quem diz a verdade ajuda a cumprir a justiça,
    mas quem dá testemunho falso está a serviço da mentira.

18 Existem palavras que machucam muito,
    mas as palavras do sábio trazem cura.

19 A verdade permanece para sempre,
    mas a mentira tem perna curta.

20 O coração de quem maquina o mal corrompe a si mesmo,
    mas quem pratica o bem tem o coração cheio de alegria.

21 Nenhum mal pode subjugar um justo,
    mas todos os males recaem sobre o perverso.

22 Deus não tolera os mentirosos,
    mas ele ama a companhia dos que mantêm a palavra.

23 O que é prudente não ostenta conhecimento,
    mas o insensato faz alarde da própria tolice.

24 O que é proativo sobressai e se torna líder,
    mas o preguiçoso não tem jeito — será dominado.

²⁵ A preocupação e a ansiedade deprimem,
mas uma palavra de apoio traz ânimo.

²⁶ O justo sobrevive à desgraça,
mas a vida do perverso atrai o desastre.

²⁷ O preguiçoso chega ao final da vida com as mãos abanando,
mas o que é proativo no tempo certo desfrutará o que alcançou.

²⁸ Quem anda no caminho da justiça encontra vida,
mas os desvios do pecado conduzem à morte.

ANDE COM OS SÁBIOS

13 ¹ Filhos sensatos dão ouvidos aos pais;
mas os insensatos não querem nem saber — fazem o que querem.

² O homem bom adquire gosto pela conversa útil,
mas o que é mau vive da violência.

³ Quem cuida da língua cuida da própria vida,
mas quem fala demais acaba na sarjeta.

⁴ O preguiçoso tudo quer, mas nada consegue;
já o proativo alcança tudo o que deseja.

⁵ O justo detesta a falsidade,
mas o perverso é motivo de vergonha e destruição.

⁶ A vida dedicada a Deus mantém o íntegro no caminho,
mas o pecado atira o perverso no fosso.

⁷ A vida presunçosa e cheia de pompa é uma vida vazia,
mas a vida simples e sincera é uma vida plena.

⁸ O rico pode ser processado por causa dos bens que possui,
mas o pobre está livre dessas ameaças.

⁹ A vida dos justos são ruas bem iluminadas,
mas a vida dos perversos são becos escuros.

¹⁰ Os arrogantes metidos a sabidos incitam a discórdia,
   mas os realmente sábios ouvem conselhos.

¹¹ O que vem fácil vai embora fácil,
   mas de pouco em pouco ajunta-se uma fortuna.

¹² A esperança frustrada deixa o coração aflito,
   mas desejo satisfeito é fonte de vida.

¹³ Quem ignora os ensinamentos do Eterno sofre,
   mas quem honra os mandamentos de Deus é recompensado.

¹⁴ O ensinamento do sábio é fonte de vida:
   quem os ouve afasta-se dos poços da morte.

¹⁵ O bom senso conquista apreciação e respeito,
   mas quem é corrupto caminha para a desgraça.

¹⁶ Quem é prudente age com bom senso,
   mas o insensato denuncia a própria ignorância.

¹⁷ O mensageiro perverso causa mais confusão,
   mas o embaixador confiável resolve a situação.

¹⁸ Quem recusa a disciplina acaba na sarjeta,
   mas quem abraça a correção é honrado.

¹⁹ Um sonho realizado alegra a alma,
   mas o perverso não quer se afastar do mal.

²⁰ Diga-me com quem você anda e direi quem você é: quem anda com
   o sábio torna-se sábio,
   mas quem anda com o insensato verá sua vida ir por água abaixo.

²¹ A desgraça persegue os pecadores,
   mas quem é leal a Deus é abençoado.

²² Gente de bem tem herança para os netos;
   a riqueza de gente desonesta acaba na mão dos justos.

²³ Gente pobre pode até ter direitos do resultado de seu trabalho,
mas tudo perde pela desonestidade e injustiça.

²⁴ Quem não corrige seu filho não o ama;
ame seu filho, não deixe de discipliná-lo!

²⁵ O apetite para o bem traz muita satisfação,
mas o perverso sempre está faminto.

UM CAMINHO QUE CONDUZ AO INFERNO

14 ¹ A mulher sábia constrói seu lar,
mas a insensata derruba o seu com as próprias mãos.

² Quem vive honestamente respeita o Eterno,
mas quem se desvia de seus caminhos vira a cara para ele.

³ A conversa fútil provoca sorrisos irônicos,
mas o discurso sábio inspira respeito.

⁴ Se não há bois, não há colheita:
pois a boa colheita requer um boi forte para o arado.

⁵ A testemunha verdadeira nunca mente,
mas a testemunha falsa respira mentira!

⁶ O zombador procura sabedoria em todo lugar e nunca encontra,
mas o que tem discernimento topa com ela na porta de casa!

⁷ Fique longe do insensato:
pois é um desperdício de tempo ouvir o que ele diz.

⁸ A sabedoria do sábio o mantém no caminho;
a estupidez dos insensatos leva-os ao engano.

⁹ O insensato ridiculariza a diferença entre o certo e o errado,
mas o justo tem vontade de fazer o bem.

¹⁰ Quem evita os amigos na hora em que eles têm dificuldade
não será recebido quando eles comemorarem com alegria.

¹¹ A vida dos que praticam a maldade é como uma casa caindo aos pedaços,
mas o viver santificado é como uma cabana bem construída,
que nunca se abala.

¹²⁻¹³ Há um estilo de vida que parece inofensivo;
preste atenção: pois conduz à morte.
Por trás do sorriso e da diversão,
há muita tristeza e sofrimento.

ESCOLHA E PONDERE CADA PALAVRA

¹⁴ O perverso recebe o troco em maldade,
mas o homem bom recebe a graça como recompensa.

¹⁵ O inexperiente acredita em tudo que lhe dizem,
mas o prudente escolhe e pondera cada palavra.

¹⁶ O sábio vigia seus passos e evita o mal,
mas o insensato é teimoso e negligente.

¹⁷ O impaciente comete loucuras e depois se arrepende;
quem não tem compaixão é tratado com indiferença.

¹⁸ O insensato vive num mundo de ilusão,
mas o sábio tem os pés no chão.

¹⁹ No devido tempo, o mal pagará tributo ao bem;
e o perverso se curvará diante de quem é leal a Deus.

²⁰ O pobre é evitado por todos,
mas todos querem ser amigos do rico.

²¹ É pecado ignorar o vizinho em dificuldades,
mas estender a mão ao necessitado — que privilégio!

²² Não é evidente que os maus estão completamente perdidos,
Enquanto os que praticam o bem ganham o respeito
e a confiança dos outros?

²³ O trabalho pesado paga as contas,
mas a conversa fiada não põe comida na mesa.

24 Os sábios acumulam sabedoria com o passar do tempo,
    mas os insensatos só acumulam estupidez.

25 O testemunho verdadeiro salva vidas,
    mas o testemunho falso só engana.

26 Quem teme o Eterno tem plena segurança,
    pois ele protege os seus filhos.

27 O temor do Eterno é uma fonte de vida que evita a morte,
    como águas cristalinas que lavam a lama suja.

28 O bom líder tem seguidores leais,
    mas sem seguidor a liderança não é nada.

29 Quem tem entendimento sabe controlar a ira,
    mas quem se precipita só mostra estupidez.

30 Um coração em paz dá saúde ao corpo,
    mas a inveja corrói os ossos.

31 Quem explora o necessitado insulta o Criador,
    mas quem é bondoso para com o pobre honra Deus.

32 O perverso ficará ao relento por causa da própria maldade,
    mas o justo encontrará proteção até diante da morte.

33 A sabedoria está no coração de quem tem entendimento,
    mas o insensato nem de longe pode vê-la.

34 A devoção a Deus torna o país mais forte;
    a rejeição a Deus traz desgraça ao povo.

35 O trabalhador proativo recebe muitos elogios,
    mas o que faz um trabalho vergonhoso merece dura repressão.

O ETERNO NÃO DEIXA PASSAR NADA

15 1 A resposta moderada neutraliza a ira,
       mas a língua afiada põe mais lenha na fogueira.

² Quando o sábio ensina, o conhecimento fica interessante,
    mas o insensato só sabe dizer absurdos.

³ O Eterno não deixa passar nada —
    ele está de olho tanto no bom quanto no mau.

⁴ As palavras amáveis curam e ajudam,
    mas as palavras maldosas ferem e destroem.

⁵ Quem não dá ouvidos ao que diz seu pai é insensato,
    mas quem aceita a correção tem bom senso.

⁶ A vida de quem é fiel a Deus prospera,
    mas o desperdiçador logo acaba falido.
⁷ As palavras sensatas espalham o conhecimento,
    mas os insensatos não têm nada a oferecer.

⁸ O Eterno não suporta quem faz pose de piedoso,
    mas tem prazer nas orações genuínas.

⁹ O Eterno detesta quem gasta a vida à toa,
    mas ama quem vive em justiça.

¹⁰ Quem abandona o caminho de Deus receberá dura lição,
    e quem faz pouco caso das leis de Deus entrará num beco sem saída.

¹¹ Nem a morte esconde segredo do Eterno —
    quanto mais o coração do homem! Deus sabe de tudo!

UMA VIDA QUE É UMA SUBIDA SÓ

¹² O arrogante metido a sabido não gosta que lhe digam o que fazer;
    ele evita até a companhia do sábio.

¹³ O coração alegre traz um belo sorriso ao rosto,
    mas, quando o coração está triste, o dia custa a passar.

¹⁴ Quem tem discernimento está sempre ansioso por saber mais,
    mas o insensato se alimenta de modismos e coisas fúteis.

15 Para quem tem o coração aflito a vida é só infelicidade,
    mas quem tem o coração alegre está sempre a cantar.

16 É melhor uma vida simples no temor do Eterno
    que uma vida rica cheia de "pepinos" e "abacaxis".

17 É melhor comer pão amanhecido num ambiente de amor
    que uma picanha de primeira onde só há ódio.

18 O temperamento explosivo é o estopim das brigas,
    mas o espírito tranquilo mantém a paz.

19 O caminho do preguiçoso é coberto de espinhos;
    mas o caminho do homem aplicado é uma estrada plana.

20 Os filhos sábios enchem os pais de orgulho,
    mas os insensatos envergonham seus pais.

21 Os perversos tratam a vida como um brinquedo;
    mas quem é o sensato toma decisões com responsabilidade.

22 Quem recusa bons conselhos terá seus planos fracassados,
    mas quem os aceita verá seus projetos sair do papel,
    e eles serão bem-sucedidos.

23 Ter respostas adequadas — como é bom!
    A palavra certa no momento certo — é espetacular!

24 Para quem é sensato a vida é uma subida só —
    e não pega a descida que leva direto à morte.

25 O Eterno esmaga as ambições dos arrogantes,
    mas Deus cuida do desamparado.

26 O Eterno não suporta as maquinações maldosas,
    mas ama as palavras puras e sem maldade.

27 O ganancioso destrói a comunidade com sua cobiça,
    mas quem se recusa a tirar proveito da situação vive feliz.

²⁸ Gente leal a Deus pensa bem antes de responder,
  mas o perverso jorra insultos.

²⁹ O Eterno mantém distância dos perversos,
  mas ouve atentamente as orações de gente leal a Deus.

³⁰ Um olhar radiante alegra o coração,
  e as boas notícias renovam as forças.

³¹ Quem ouve os bons conselhos viverá bem
  e será como um convidado de honra entre os sábios.

³² Quem faz pouco caso da disciplina será um nada,
  mas quem obedece à vontade de Deus ficará mais sábio.

³³ O temor do Eterno é uma escola de vida prática —
  primeiro aprende a humildade e depois experimenta a glória.

TUDO TEM UM PROPÓSITO

16 ¹ O homem mortal faz planos elaborados para a vida,
  mas é o Eterno que tem a última palavra.

² O homem fica satisfeito com o que lhe parece bom,
  mas o que é realmente bom só o Eterno pode avaliar.

³ Entregue ao Eterno o comando do seu trabalho,
  e o que você planejou dará certo.

⁴ O Eterno fez todas as coisas com um propósito;
  até mesmo os perversos — mas para o julgamento.

⁵ O Eterno não suporta a arrogância;
  e acredite: esses arrogantes terão o que merecem.

⁶ Com o amor e a verdade se perdoa o pecado;
  e com o temor do Eterno se desvia o mal.

⁷ Quando o Eterno aprova alguém,
  até os inimigos dessa pessoa se tornam seus amigos.

8   Bem melhor é ser pobre, mas justo,
       que ser rico e injusto.

9   O homem faz seus planos,
       mas o Eterno é quem possibilita que sejam realizados.

VALE A PENA LEVAR A VIDA A SÉRIO

10   Um bom líder motiva e tem autoridade;
       não conduz ao erro nem tira vantagem.

11   O Eterno quer honestidade no trabalho,
       pois ele é o dono de todos os negócios.

12   Um bom líder detesta todo tipo de injustiça,
       pois é na justiça que a liderança se fundamenta.

13   Um bom líder se alegra com a honestidade
       e valoriza quem fala a verdade.

14   O líder que se ira ameaça os próprios liderados;
       quem é inteligente saberá contornar a situação.

15   O líder paciente revigora a vida dos liderados;
       é como a chuva de primavera e a luz do Sol.

16   Corra atrás da sabedoria — é mais valiosa que muito dinheiro;
       prefira o entendimento que muito tesouro.

17   A estrada do justo se desvia do mal;
       quem vigia os passos salva a vida.

18   Primeiro vem o orgulho; depois, a queda —
       quanto maior é o ego, maior é o tombo.

19   É melhor ser obediente ao Eterno e viver entre os pobres
       que ser rebelde e viver entre os ricos e famosos.

20   Vale a pena levar a vida a sério;
       tudo se resolve quando se confia no Eterno.

21   O sábio é reconhecido pelo entendimento;
       as palavras amáveis têm mais poder de persuasão.

22   O verdadeiro entendimento é fonte de água fresca,
       mas o insensato sofre com sua própria insensatez.

23   O sábio pensa muito antes de falar;
       por isso, quando fala todos lhe dão razão.

24   Palavras amáveis são como favos de mel —
       delícias para a alma, energia para o corpo.

25   Há caminho que parece inofensivo,
       mas todo cuidado é pouco: leva direto para a morte.

26   O apetite é um incentivo para o trabalho;
       a fome motiva o trabalho intenso.

27   O perverso só pensa em fazer o mal;
       e suas palavras provocam muita dor.

28   O perverso sempre causa brigas;
       e quem faz fofoca rompe amizades.

29   O ambicioso insensível trai os amigos;
       é capaz de apunhalar a própria mãe pelas costas.

30   O olhar esquivo sugere má intenção;
       os lábios cerrados dão indícios de confusão.

31   O cabelo grisalho merece especial atenção;
       é o prêmio de uma vida leal a Deus.

32   É melhor ser paciente que valentão;
       é melhor saber se controlar que conquistar uma cidade.

33   Apresente as propostas e conte os votos,
       mas o Eterno tem a palavra final.

UMA PAULADA NA CABEÇA

17

1. É melhor comer um pedaço de pão com água em paz
que ter um banquete no meio de brigas.

2. O servo sábio sabe lidar com o filho difícil
e assim é honrado como alguém da família.

3. Como a prata e o ouro são provados pelo fogo,
assim a nossa vida é examinada pelo Eterno.

4. O perverso gosta de conversas maliciosas;
e os ouvidos do mentiroso coçam por uma fofoca.

5. Quem zomba dos pobres insulta o Criador;
quem faz festa quando há desgraça não fica sem castigo.

6. Os netos são reconhecimento para os idosos;
os filhos são orgulho para os pais.

7. Não se espera eloquência de um insensato,
muito menos mentiras de um líder.

8. Alguns acham que o dinheiro compra tudo — até mesmo pessoas;
e que o suborno é uma varinha mágica — que sempre funciona.

9. Esqueça a ofensa e manterá a amizade;
mas, se insistir na ofensa, diga adeus ao amigo!

10. A repreensão atinge profundamente a quem tem entendimento,
mas o insensato leva a maior paulada e nem se importa

11. Os maus só procuram confusão
e não perdem por esperar: eles a encontrarão!

12. É melhor encontrar uma ursa que teve os filhotes roubados
que um insensato em sua loucura.

13. Quem paga o bem com o mal
receberá o troco: o mal nunca lhe dará sossego.

14   O início de uma briga é como vazamento de uma represa;
         por isso, é bom parar antes que se rompa de vez.

15   Proteger o perverso e atirar lama nos justos
         são atitudes detestáveis ao Eterno.

16   O que é isso? O insensato saiu para comprar sabedoria?
         De nada adianta! Ele não sabe o que fazer com ela!

QUEM SABE MUITO FALA POUCO

17   O amigo ama sempre e com ele não há tempo ruim;
         mesmo quando há problemas, ele é sempre um ombro amigo.

18   É tolice ser irresponsável com a vida financeira;
         acumular dívidas que não se pode pagar é muita loucura.

19   Quem namora o pecado se casa com a confusão;
         e quem deixa a arrogância subir à cabeça faz um convite à destruição.

20   Quem planeja a maldade não pode terminar bem;
         a conversa traiçoeira só traz mais confusão.

21   O filho insensato é uma desgraça;
         não dá motivo nenhum de alegria ao pai.

22   A disposição alegre faz bem à saúde;
         mas a tristeza e o abatimento esgotam as forças.

23   O perverso recebe suborno por baixo do pano;
         isso comprova desprezo pela justiça.

24   O sensato anda de mãos dadas com a sabedoria,
         mas o insensato está sempre vagando com olhar perdido.

25   O filho inconsequente é um sofrimento para o pai
         e para a sua mãe é osso duro de roer.

26   Castigar o bom comportamento é um absurdo!
         Pior ainda é fazer o bom cidadão pagar pelo crime dos outros!

27 Quem sabe muito fala pouco;
   quem é sensato sabe manter a calma.

28 Até mesmo os ignorantes passam por sábios quando fecham a boca;
   quem sabe ficar calado passa-se por inteligente.

AS PALAVRAS MATAM E GERAM VIDA

18 1 O egoísta que só olha para o próprio umbigo
   é uma afronta à vida em comunidade.

2 Os insensatos nunca param para pensar na realidade;
   tudo que fazem é falar pelos cotovelos.

3 A maldade é sempre acompanhada pela vergonha;
   o desprezo pela vida é inaceitável.

4 As muitas palavras só fazem volume como a enchente,
   mas a verdadeira sabedoria nasce de fontes profundas.

5 É um absurdo defender o culpado;
   pior ainda é pegar pesado com o inocente.

6 As palavras do insensato provocam brigas:
   para contê-los, só amarrando.

7 O insensato é destruído por falar mais que a boca;
   suas palavras o farão passar por poucas e boas.

8 Dar ouvidos a fofocas é como comer um doce vencido:
   no início é uma delícia, mas as dores logo virão.

9 Tanto o preguiçoso quanto o relaxado
   são unha e carne com a destruição.

10 O nome do Eterno é um lugar de proteção:
   os justos correm para ele e encontram salvação.

11 Os ricos confiam nas riquezas para terem proteção,
   mas a segurança que delas vem é pura ilusão!

¹² Primeiro vem o orgulho e depois a queda,
　　mas a humildade é precursora da honra.

¹³ Responder antes de ouvir
　　além de tolice é pura grosseria.

¹⁴ O espírito saudável vence a adversidade,
　　mas o espírito abatido, como curá-lo?

¹⁵ Os sábios estão sempre aprendendo;
　　sua sede de conhecimento é insaciável.

¹⁶ Um presente entregue abre portas;
　　ele o acabará levando a gente muito importante.

¹⁷ O primeiro discurso num julgamento é sempre convincente —
　　até que o interrogatório comece!

¹⁸ Nem sempre será fácil tomar decisões,
　　nem mesmo o bom senso o livrará de uma situação difícil.

¹⁹ Cuide bem dos amigos que devem durar para sempre;
　　nunca destrua a amizade que deve ser permanente.

²⁰ As palavras alimentam a mente assim como a comida ao estômago;
　　uma boa conversa satisfaz como um bom prato na hora da fome.

²¹ As palavras matam e geram vida;
　　podem ser veneno ou um doce de primeira — você é quem decide.

²² Quem encontra uma boa esposa encontra o maior tesouro —
　　é uma grande bênção do Eterno!

²³ O pobre fala em suaves súplicas;
　　o rico grita suas respostas.

²⁴ Amigos vêm e vão,
　　mas o verdadeiro amigo é mais próximo que um irmão.

SE VOCÊ DEIXAR DE OUVIR

19 1 É melhor ser pobre e honesto
que ser rico e não merecer confiança.

2 O zelo sem conhecimento é inútil;
a pressa leva ao fracasso.

3 As pessoas arruínam a própria vida com sua insensatez:
mas sempre acham um jeito de pôr a culpa no Eterno!

4 A riqueza atrai amigos como o mel atrai moscas,
mas os pobres são evitados como uma doença que pega.

5 O que jura com falsidade não ficará impune.
Você deixaria um mentiroso sair ileso?

6 São muitos os que andam à volta da pessoa generosa;
todos são amigos do homem desprendido.

7 Quando pra você está tudo dando errado, até a sua família evitará você —
até mesmo o seu melhor amigo vai querer distância.
Quando você passa, eles olham para o outro lado —
longe dos olhos, longe do coração.

8 Crie um coração sábio, e fará um favor a você mesmo;
mantenha a cabeça arejada, e encontrará uma boa vida.

9 A pessoa que conta mentiras acaba desmascarada;
a pessoa que espalha boatos ficará arruinada.

10 É estranho um leviano levar uma vida fácil;
pior ainda, um trabalhador dar ordens a seu chefe.

11 As pessoas inteligentes sabem como segurar a língua;
sua grandeza é perdoar e esquecer.

12 Os líderes de mau gênio são como uma onça brava;
já os bondosos são como o orvalho fresco da manhã.

¹³ Um pai perde a vontade de viver por causa de um filho insensato;
　　a esposa resmungona é uma torneira pingando.

¹⁴ Casas e terrenos são passados de pai para filho,
　　mas a esposa certa vem do Eterno.

¹⁵ A vida desmorona sobre os ociosos;
　　os preguiçosos acabam passando fome.

¹⁶ Guarde as leis e guardará sua vida;
　　o viver descuidado é morte certa.

¹⁷ Quem ajuda os pobres empresta ao Eterno,
　　quando o Eterno devolve a recompensa, é sem igual.

¹⁸ Discipline seus filhos enquanto ainda tem oportunidade;
　　fazer tudo o que querem acabará com a vida deles.

¹⁹ Deixe que os esquentados sofram as consequências da própria ira;
　　se você tentar ajudar, apenas irá piorar as coisas.

²⁰ Aceite os bons conselhos e a correção —
　　esse é o caminho de uma vida boa e sábia.

²¹ Os homens fazem planos e criam estratégias,
　　mas o propósito do Eterno é o que prevalece.

²² É absurdamente normal querer ganhar uma grana,
　　mas é melhor ser pobre que mentiroso.

²³ O temor do Eterno é a vida em si;
　　uma vida plena e serena — sem surpresas desagradáveis.

²⁴ Alguns enfiam o garfo na torta,
　　mas têm preguiça demais para levá-lo à boca.

²⁵ Castigue o insolente de maneira exemplar:
　　quem sabe alguém aprende uma boa lição?

²⁶ Os filhos que partem pra cima dos próprios pais
são uma desgraça, uma vergonha.

²⁷ Se você deixar de ouvir, querido filho, e andar sozinho,
logo se sentirá perdido.

²⁸ O testemunho sem princípios faz pouco da justiça;
a boca dos perversos cospe malícias.

²⁹ O irreverente precisa aprender a ter reverência do jeito mais difícil;
só uns bons tapas chamam a atenção do insensato.

UM PROBLEMA SÉRIO NO CORAÇÃO

20 ¹ O vinho torna você mau; a cerveja faz de você um briguento —
e as pessoas bebem porque uma bebida fraca não tem muita graça.

² Os líderes de temperamento exaltado são como onças selvagens —
passe perto deles, e eles pulam na sua garganta.

³ Evitar brigas é a marca registrada do que tem bom caráter,
mas os insensatos gostam de brigar.

⁴ O fazendeiro que tiver preguiça de plantar na estação certa
não terá nada para ceifar na época da colheita.

⁵ Saber o certo é como ter águas profundas no coração;
o sábio as tira de dentro do poço quando é necessário.

⁶ Muitos se dizem amigos leais e confiáveis,
mas onde, na terra, você pode encontrar gente assim?

⁷ As pessoas leais a Deus, que vivem uma vida honesta,
facilitam em muito as coisas para seus filhos.

⁸⁻⁹ O líder que conhece seu negócio e se importa com ele
mantém distância do falsificado e do barato,

Pois que ser humano pode ser
sempre confiável e honesto?

10 Trocar as etiquetas de preços e inventar despesas
   são duas coisas que o Eterno detesta.

11 Até quem é bem novo, no devido tempo, se revela por suas ações
   se seus motivos forem sinceros.

BEBER DO CÁLICE DO CONHECIMENTO

12 Ouvidos que ouvem e olhos que veem —
   nossos equipamentos básicos dados pelo Eterno!

13 Não seja muito fã de dormir: você acabará num abrigo.
   Acorde e levante-se; assim, haverá comida na mesa.

14 O comprador diz: "Isso é lixo. Jogue isso fora",
   depois sai se achando pela boa barganha.

15 Beber do belo cálice do conhecimento
   é melhor que se enfeitar com ouro e joias raras.

16 Não se esqueça da caução quando fizer empréstimo a um estranho.
   Tenha cuidado em aceitar o que um desconhecido penhorou.

17 O pão roubado tem sabor doce,
   mas logo sua boca se enche da areia.

18 Antes de fazer a proposta, peça conselho;
   na hora de executá-la, não dispense nenhuma ajuda.

19 O fofoqueiro não consegue guardar segredo;
   portanto, jamais confie no linguarudo.

20 Quem tem coragem de amaldiçoar pai e mãe
   aniquila a luz da vida e viverá na escuridão.

PASSOS ACERTADOS

21 A bonança adquirida no início
   não é garantia de bênção no final.

22 Jamais diga: "Eu vou pegar você! Você vai ver!".
Espere no Eterno: ele mudará logo esse placar.

23 O Eterno odeia a trapaça no mercado;
balanças enganadoras o ofendem demais.

24 Os passos acertados que damos vêm do Eterno;
de outro modo, como saberíamos prosseguir na jornada?

25 O juramento impensado é uma armadilha;
Cuidado! Mais tarde, você vai querer se livrar.

26 Depois de cuidadosa avaliação, o líder sábio
faz uma limpeza: remove os rebeldes e os insensatos.

27 O Eterno está no comando da vida humana:
ele nos observa e examina nos mínimos detalhes.

28 O amor e a verdade formam um bom líder;
a liderança sadia firma-se na integridade do amor.

29 A juventude pode ser admirada pelo vigor,
mas o cabelo grisalho dá prestígio à idade avançada.

30 Uma boa surra cura o mal;
a punição bate fundo no coração.

O ETERNO EXAMINA NOSSOS MOTIVOS

21 1 A boa liderança é um riacho controlado pelo Eterno;
ele o direciona para o lado que escolher.

2 Nós avaliamos nossos atos pelas aparências,
mas o Eterno examina nossos motivos.

3 Viver com pureza diante de Deus e tratar o próximo com justiça
dizem mais ao Eterno que um ato religioso.

4 A arrogância e o orgulho — marcas inconfundíveis dos perversos —
são pecados e ponto final.

5 O planejamento cuidadoso dá a você a dianteira na longa corrida;
a pressa e a correria deixam você para trás.

6 Você pode chegar ao topo com mentiras e trapaças,
mas receberá apenas ilusão e a sua promoção — será a morte!

7 Os perversos são enterrados vivos com seus ganhos ilícitos,
porque eles se recusaram a usá-los para ajudar os outros.

8 Motivos confusos transformam a vida num emaranhado;
os motivos puros levam você pelo caminho direito.

FAÇA O MELHOR POSSÍVEL, PREPARE-SE PARA O PIOR

9 Melhor é viver sozinho numa cabana caindo aos pedaços
que morar numa mansão com uma esposa resmungona.

10 A alma do perverso tem prazer na confusão;
ele não sente nada pelos amigos e vizinhos.

11 O insensato só aprende do jeito mais difícil,
mas os sábios aprendem muito escutando.

12 Quem é fiel verá que Deus faz justiça por meio dos perversos;
o mal que eles planejaram será desfeito.

13 Se você rejeitar o clamor do pobre,
também seus clamores não serão respondidos.

14 O presente dado de forma discreta acalma a pessoa irritada;
o presente sincero ameniza o temperamento difícil.

15 Os justos festejam quando a justiça triunfa,
mas para quem trabalha para o mal esse é um dia triste.

16 Quem se desvia do que é correto
acabará se reunindo com os mortos.

17 Você é viciado em tudo que dá prazer? Que vida vazia!
A busca do prazer nunca é satisfeita.

¹⁸ O mal planejado contra um justo voltará para o perverso;
de fato o acertará em cheio, como um bumerangue.

¹⁹ Melhor é viver numa tenda no deserto
que com uma esposa irritada e resmungona.

²⁰ As coisas valiosas estão seguras na casa do sábio;
os insensatos acabam com tudo

²¹ Quem sai caçando o que é justo e bom
encontra a própria vida — e que vida!

²² Mesmo uma cidade bem defendida, cheia de soldados —
desmoronará diante da sabedoria do sábio!

²³ Vigie suas palavras e controle a língua;
você salvará você mesmo de muita desgraça.

²⁴ Você conhece os nomes — Insolente, Sem-Vergonha, Blasfemo:
todos de pavio curto e descontrolados.

²⁵ O preguiçoso acaba morrendo de fome,
porque não tem coragem de se levantar para trabalhar.

²⁶ Os pecadores estão sempre desejando o que não têm,
mas quem é fiel a Deus está sempre ajudando quem precisa.

²⁷ O ato religioso dos perversos é inaceitável;
pior ainda é quando o praticam querendo vantagens.

²⁸ O testemunho mentiroso não é convincente,
mas quem fala a verdade é respeitado.

²⁹ Os inescrupulosos vivem fingindo;
as pessoas honestas estão seguras de seus passos.

³⁰ Nenhum plano, nenhuma maquinação, nenhuma invenção
jamais vencerão o Eterno.

31 Faça sempre o melhor, prepare-se para o pior —
   então, confie no Eterno e você alcançará vitória.

A CURA VEM PELA DISCIPLINA

22 1 Ter boa reputação é melhor que tirar a sorte grande;
   ser bem estimado pelos outros é melhor que ter muito
   dinheiro no banco.

2 O rico e o pobre são iguais nisto —
   o Eterno criou os dois!

3 O prudente enxerga um problema e logo dá um jeito de escapar;
   o insensato entra de cabeça e acaba detonado.

4 A recompensa da humildade e do temor do Eterno
   é fartura, honra e vida.

5 O caminho do perverso é perigoso e esburacado;
   se você não quer perder a vida, fique bem longe!

6 Mostre a direção da vida para seus filhos —
   e, mesmo quando forem velhos, eles não se perderão.

7 Os pobres são dominados pelos ricos;
   quem toma emprestado fica nas mãos deles.

8 Quem semeia o pecado colhe a desgraça,
   pois todo mal se voltará contra ele.

9 As mãos generosas são abençoadas
   porque repartem o que têm com quem precisa.

10 Mande embora quem gosta de confusão e as coisas se acalmarão;
   isso vai pôr um fim nas brigas e insultos.

11 O Eterno ama quem tem um coração puro e sincero
   e considera amigo quem expressa a graça de Deus no falar.

12 Os olhos do Eterno guardam o conhecimento com zelo,
   mas ele quer distância da mentira e da falsidade.

¹³ O preguiçoso sempre encontra uma desculpa;
ele diz: "Tem um leão à solta! Se eu sair, vou ser devorado!".

¹⁴ A sedução da mulher devassa é uma armadilha perigosa;
e, se você tiver dado as costas para o Eterno, com certeza cairá nela.

¹⁵ Os jovens são propensos a tolices, são inconsequentes,
mas a disciplina é um ótimo remédio!

¹⁶ Tanto quem se aproveita do pobre quanto quem bajula o rico
terão o mesmo fim: cairão na sarjeta!

OS TRINTA PRECEITOS DOS SÁBIOS
NÃO ALTERE OS LIMITES

¹⁷⁻²¹ Ouça minha sabedoria;
guarde no coração tudo que eu ensinar.
A doçura dela invadirá sua vida;
e ela lhe será muito importante.

Para ter certeza de que sua base está firmada no Eterno,
vou apresentá-la a você agora.
São trinta excelentes princípios —
diretrizes testadas e comprovadas.
Acredite, são verdades que funcionam,
são dignas de confiança para quem quer precise.

1

²²⁻²³ Não pise nos pobres só porque são pobres,
e não use sua posição para explorar o fraco,
Porque o Eterno virá em defesa deles.
O Eterno tirará a vida de quem lhes tirou para devolver a eles.

2

²⁴⁻²⁵ Não ande com gente que só cria confusão;
fique longe de quem tem pavio curto.
Porque é contagioso — você ficará igual
e isso fará muito mal a você.

3

²⁶⁻²⁷ Não aposte em coisas como o pote de ouro no fim do arco-íris,
dando como garantia a sua própria casa.

Chegará o momento de pagar a dívida,
   e você ficará só com a roupa do corpo.

4
²⁸ Não altere os limites da propriedade
   demarcados há muito pelos seus antepassados.

5
²⁹ Observe aquele que é bom no que faz —
   os bons profissionais são solicitados e admirados
   e não ficam à sombra de ninguém.

FIQUE LIGADO!

6
23 ¹⁻³ Quando você sair para jantar com uma pessoa influente,
   seja educado:
Não vá com tanta sede ao pote,
   e não tenha inveja do que ele tem.
Mas tome cuidado:
   ele pode ter outras intenções.

7
⁴⁻⁵ Não se mate para tentar ficar rico —
   fique ligado!
Os ricos desaparecem num piscar de olhos;
   a riqueza cria asas,
     voa e desaparece na imensidão azul do céu.

8
⁶⁻⁸ Não aceite o convite de jantar na casa de quem tem olho gordo;
   e não espere nada de especial.
Ele será tão mão-de-vaca com você quanto é com ele mesmo.
   Ele dirá: "Coma! Beba!", mas não falará sério.
A comida cairá mal no seu estômago,
   e você descobrirá que o jantar era apenas um pretexto.

9
⁹ Não vale a pena dar conselhos aos insensatos;
   já que eles não estão nem aí para a sabedoria.

10

¹⁰⁻¹¹ Não altere os limites de propriedades
  nem engane quem já é desamparado,
pois eles têm um poderoso Advogado
  que irá defendê-los com unhas e dentes.

11

¹² Renda-se à instrução com disciplina;
  e abra os ouvidos à voz da experiência.

12

¹³⁻¹⁴ Não tenha medo de corrigir os filhos pequenos:
  uma palmada não mata ninguém.
Na verdade, uma boa palmada pode livrá-los
  de coisas muito piores e da morte também.

13

¹⁵⁻¹⁶ Meu filho, se você se tornar sábio,
  serei um pai feliz.
Meu coração cantará e dançará de alegria
  de ver você falar com sabedoria.

14

¹⁷⁻¹⁸ Não tenha nem um pingo de inveja de gente rebelde,
  mas mergulhe de cabeça no temor do Eterno —
É lá que seu futuro está garantido
  e sua esperança não será frustrada.

15

¹⁹⁻²¹ Escute, meu filho: seja sábio
  e tome o rumo certo.
Não ande com gente que bebe muito nem fique bêbado;
  também não se empanturre de comida.
Os bêbados e os glutões acabarão na sarjeta,
  pedindo esmola, vestidos em trapos.

COMPRE A SABEDORIA, A EDUCAÇÃO E O ENTENDIMENTO

16

²²⁻²⁵ Ouça com respeito o pai que o criou
  e não deixe de lado a sua mãe quando ela envelhecer.

Compre a verdade — não a venda por uma ninharia;
   compre a sabedoria, a educação e o entendimento.
Os pais se alegram quando seus filhos se dão bem;
   filhos sábios enchem os pais de orgulho.
Então, faça seu pai feliz!
   Deixe sua mãe orgulhosa!

17

²⁶ Meu filho, quero toda a sua atenção;
   por favor, siga este meu conselho.

²⁷⁻²⁸ A prostituta é uma poço sem fundo,
   e a mulher devassa é confusão certa.
Ela roubará tudo que você tem,
   pois é pior que uma quadrilha de assaltantes.

18

²⁹⁻³⁵ Quem só fica chorando as mágoas?
   Quem sempre se faz de vítima?
Quem vive arrumando brigas?
   Quem tem os olhos vermelhos e inchados?
É aquele que não larga a garrafa,
   que bebe álcool como água.
Não se deixe levar pelo aroma
   nem pelo delicioso sabor do bom vinho.
Mas pense antes na ressaca que vai ter —
   aquela dor de cabeça e aquele enjoo insuportáveis.
Você quer mesmo ficar lerdo,
   falar com a língua toda enrolada,
Andar cambaleando por aí,
   como aqueles bêbados de rua?
"Alguém me espancou, mas nem doeu;
   bateram em mim, mas nem percebi.
Então, quando eu ficar sóbrio,
   vou beber mais".

O CONHECIMENTO DÁ PODER

19

24 ¹⁻² Não tenha inveja dos perversos,
   nem queira estar perto deles.

Tudo que pensam é causar confusão;
    só sabem falar de violência!

20

3-4 É preciso ter sabedoria para construir uma casa
    e entendimento para edificá-la sobre fundamento sólido;
É preciso ter conhecimento para decorar os quartos
    com a melhor mobília e bela tapeçaria.

21

5-6 A sabedoria faz a força do homem;
    e o conhecimento lhe dá poder.
A estratégia é a chave para a guerra,
    assim como bons conselhos são a chave para a vitória.

22

7 A sabedoria está além da capacidade dos insensatos;
    eles nem sabem o que dizer numa discussão séria.

23

8-9 Quem está sempre maquinando o mal
    ganha fama de 'chefe dos malandros'.
Já os insensatos cultivam o pecado,
    ninguém gosta dos cínicos que a tudo desprezam.

RESGATE QUEM ESTÁ NA PIOR

24

10 Quem desiste num momento crise
    é porque realmente é um fraco!

25

11-12 Resgate quem está na pior:
    não hesite em ajudar.
Se você diz: "Não é da minha conta",
    acha que isso o isenta de responsabilidade?
Tem alguém de olho em você — e você sabe muito bem disso!
    Alguém que não aceita desculpas esfarrapadas dará a cada um o que merece.

26

13-14 Meus filho, coma mel que é bom para você;
    prove as mais deliciosas iguarias.

E faça o mesmo com o conhecimento
    e a sabedoria: é ótimo para a alma!
Porque assim seu futuro está garantido,
    sua esperança está firmada numa rocha.

27

15-16 Não tente passar a perna nos justos
    nem queira tirar proveito deles.
Não importa quantas vezes ele fracasse,
    quem é fiel a Deus não fica no chão por muito tempo;
Ele não demora dar a volta por cima,
    mas o perverso acabará no fundo do poço.

28

17-18 Não ria quando seu inimigo cair
    nem quando estiver na pior.
O Eterno poderá ver e desaprovar a sua atitude,
    e, então, chegará a sua vez de cair.

29

19-20 Não perca a cabeça com os arrogantes
    nem deseje prosperar como os perversos.
Pois eles não têm futuro nenhum;
    estão indo para um beco sem saída.

30

21-22 Tema ao Eterno, meu filho, e respeite os líderes;
    não seja rebelde.
Sem aviso, sua vida pode virar de cabeça para baixo;
    e quem sabe como ou quando isso pode acontecer?

MAIS PROVÉRBIOS DO SÁBIO

UMA RESPOSTA HONESTA

23 Aqui vão mais alguns ditados sábios:
    É um grande erro concordar com a injustiça.

24-25 Quem encobre os crimes do perverso
    ficará marcado para sempre em toda parte,
Mas quem denunciar o perverso
    será recompensado e terá a gratidão do povo.

²⁶ Uma resposta honesta
   é como o abraço apertado de um amigo.

²⁷ Primeiro plante seus campos;
   depois, construa o celeiro.

²⁸⁻²⁹ Não fale do seu vizinho pelas costas —
   nada de calúnias ou fofocas!
   Não diga a ninguém: "Vou dar o troco!
   Vai pagar caro pelo que fez comigo!".

³⁰⁻³⁴ Um dia, atravessei o campo de um velho preguiçoso
   e depois passei pela vinha de um homem insensato;
   Estavam ambos cobertos de ervas daninhas;
   e as cercas, derrubadas; quase tudo abandonado.
   Olhei bem para tudo aquilo e pensei;
   os campos me ensinaram uma lição:
   "Um cochilo aqui, uma soneca ali; uma folga aqui, um descanso ali,
   sempre encostado em algum lugar — sabe o que você vai ter?
   Apenas isto: uma vida pobre e miserável,
   na qual as necessidades são permanentes!"

OUTROS PROVÉRBIOS SÁBIOS DE SALOMÃO
A PALAVRA CERTA NO TEMPO CERTO

25 ¹ Há também estes provérbios de Salomão,
   compilados pelos escribas de Ezequias, rei de Judá.

² Deus se deleita em ocultar as coisas;
   os estudiosos se deleitam em descobrir as coisas.

³ Assim como é vasta a amplitude do horizonte e a profundidade do oceano,
   também é amplo e profundo o entendimento do bom líder.

⁴⁻⁵ Remova a impureza da prata,
   e o artesão poderá moldar um fino cálice;
   Remova o perverso da liderança,
   e a autoridade terá credibilidade e honrará o nome de Deus.

⁶⁻⁷ Não se ponha em evidência;
    não force o caminho para aparecer.
É melhor ser promovido a um lugar de honra
    que encarar a humilhação de ser rebaixado.

⁸ Não tire conclusões precipitadas — pode haver
    uma explicação muito boa para o que você entendeu de outra forma.

⁹⁻¹⁰ No calor do debate,
    não traia a confiança;
Porque a notícia se espalhará,
    e ninguém mais confiará em você.

¹¹⁻¹² A palavra certa no tempo certo
    é como a joia feita por encomenda,
E a repreensão do amigo sábio na hora certa
    é como um anel de ouro no dedo.

¹³ Amigos confiáveis cumprem o que prometem;
    são como bebida gelada no calor escaldante — que agradável!
¹⁴ Como grandes nuvens que não trazem chuva alguma,
    assim é o empregado que fala muito, mas não produz.

¹⁵ A persistência vence a indiferença;
    a palavra gentil desmonta o coração mais fechado.

UMA PESSOA SEM AUTOCONTROLE

¹⁶⁻¹⁷ Quando você ganhar uma caixa de doces, não engula tudo de uma vez;
    se comer muito doce, você ficará doente;
E, quando for encontrar um amigo, não prolongue demais a conversa;
    apareça sempre, e ele logo ficará irritado.

¹⁸ Quem inventa mentiras contra os vizinhos
    será visto como um irresponsável no tribunal.

¹⁹ Confiar num traidor quando você está em apuros
    é como comer com um dente inflamado.

²⁰ Cantar canções suaves para o deprimido
    é como derramar sal na ferida.

21-22 Se você vir seu inimigo com fome, pague um almoço para ele;
　　　　se ele estiver com sede, traga uma bebida.
　　　Sua bondade o deixará sem ação,
　　　　e o Eterno recompensará você.

23　O vento norte traz tempestade,
　　　　e a fofoca pode causar uma tormenta.

24　Melhor é viver sozinho numa cabana caindo aos pedaços
　　　　que compartilhar uma mansão com uma esposa resmungona.

25　Como um copo de água fria para quem está cansado,
　　　　assim é a carta de um amigo que não vemos há muito tempo.

26　Um justo que cede diante do perverso
　　　　é uma fonte barrenta, um poço contaminado.

27　Não é inteligente empanturrar-se de doces,
　　　　assim como colecionar elogios não fará bem a você.

28　Quem não tem autocontrole
　　　　é como uma casa com as portas e janelas caídas.

OS INSENSATOS RECICLAM A TOLICE

26 1　Honrar os insensatos é tão absurdo
　　　　como orar pela neve no verão ou pela chuva na colheita.

2　Não tema a maldição imerecida
　　　　como não se deve temer o voo de um pássaro ou de uma andorinha.

3　O chicote é para o cavalo de corrida, o leme, para o barco à vela —
　　　　e a vara é para as costas do insensato!

4　Não responda à estupidez do insensato;
　　　　assemelhando-se a ele, você ficará com cara de bobo.

5　Responda ao insensato de modo simples,
　　　　para que ele não fique cheio de si.

⁶ Quem manda mensagem por um insensato
 está chamando confusão.

⁷ Um provérbio citado pelos insensatos
 é tão consistente quanto macarrão.

⁸ Conceder a um insensato um lugar de honra
 é como pôr um tijolo numa coluna de mármore.

⁹ Pedir a um insensato que cite um provérbio
 é como colocar um bisturi nas mãos de um bêbado.

¹⁰ Quem dá emprego a um insensato ou a um bêbado
 está dando um tiro no pé.

¹¹ Como o cão que come o próprio vômito,
 assim os insensatos reciclam a tolice.

¹² Conhece alguém que pensa que é muito esperto?
 Pode esperar muito mais de um insensato que dele.

¹³ O preguiçoso diz: "É perigoso lá fora!
 Há uma onça andando pelas ruas!",
 e cobre de novo a cabeça.

¹⁴ Como a porta girando em torno das dobradiças,
 assim é o preguiçoso virando na cama.

¹⁵ O preguiçoso enfia o garfo na torta,
 mas é preguiçoso demais para levá-lo à boca.

COMO VERNIZ NUM VASO QUEBRADO

¹⁶ Os sonhadores ociosos fantasiam sua importância;
 consideram-se mais sábios
 que o corpo docente de uma faculdade.

¹⁷ Intrometer-se numa discussão que não é da sua conta
 é como segurar um cachorro louco pelas orelhas.

¹⁸⁻¹⁹ Quem minimiza os resultados de suas palavras impensadas,
  dizendo: "Eu não quis dizer isso. Estava só brincando",
É pior que gente descuidada que põe fogo na mata.

²⁰ Quando você fica sem madeira, o fogo se apaga;
  quando a fofoca termina, a discussão morre.

²¹ Numa discussão, o homem briguento
  é como querosene atirado ao fogo.

²² Dar ouvidos a fofocas é como comer um doce vencido:
  para que ter essa porcaria no estômago?

²³ Conversa suave que vem de um coração mau
  é como verniz num vaso quebrado.

²⁴⁻²⁶ Se seu inimigo o cumprimenta como se fosse um velho amigo,
  enquanto está tramando contra você,
Se chega cheio de conversa melosa, não se iluda:
  ele está apenas esperando uma oportunidade para passar
  a perna em você.
Agora ele pode até conseguir ocultar sua malícia:
  mas, no devido tempo, sua maldade será revelada.

²⁷ A malícia é um tiro que sai pela culatra;
  o ódio sempre volta para quem o cultivou.

²⁸ O mentiroso odeia sua vítima;
  o bajulador sabota a confiança.

VOCÊ NÃO SABE O DIA DE AMANHÃ

27 ¹ Não anuncie precipitadamente o que você vai fazer amanhã;
  você nem sabe o que o aguarda no dia seguinte.

² Não chame atenção para você mesmo;
  deixe que os outros elogiem você.

³ Carregar uma tora nos ombros
  e erguer uma pedra no braço ao mesmo tempo

É agradável, comparado com a aflição
de aguentar um insensato.

4   Somos arruinados pela ira e dominados pela raiva,
    mas quem pode sobreviver à inveja?

5   A repreensão dita é melhor
    que uma aprovação nunca mencionada.

6   As feridas causadas por alguém que ama fazem bem,
    mas os beijos do inimigo são mortais.

7   Quando você se empanturra, acaba recusando até a sobremesa;
    quando está faminto, poderia comer um boi.

8   As pessoas que não param e ficam andando pra lá e pra cá
    são como pássaros agitados, esvoaçando pelo céu.

9   Assim como os cremes e os perfumes geram prazer para os sentidos,
    a doce amizade refresca a alma.

10 Não abandone seus amigos, muito menos seus pais,
    e corra para sua família quando a coisa apertar;
    Melhor é o amigo próximo
    que uma família distante.

11 Seja sábio, meu filho, e me faça feliz;
    assim, nada que o mundo atirar em meu caminho irá me aborrecer.

12 O prudente vê um problema se aproximando e foge;
    o insensato entra de cabeça e quebra a cara.

13 Não se esqueça da caução quando fizer empréstimo;
    Tenha cuidado em aceitar o que um visitante penhorou.

14 Se você acordar seu amigo de manhã bem cedo,
    gritando: "Acorde! Levante-se!",

Isso vai soar para ele
mais como maldição que como bênção.

15-16 A esposa resmungona é como
o gotejar de uma torneira pingando;
Você não consegue fazê-la parar
e dela não consegue escapar.

SEU ROSTO REFLETE SEU CORAÇÃO

17 Como o ferro afia o ferro,
um amigo afia o outro.

18 Se você cuidar do seu pomar, colherá muitos frutos;
se você honrar seu chefe, também será honrado.

19 Assim como a água reflete o rosto,
o rosto reflete o coração.
20 A morte tem um apetite voraz,
e a luxúria jamais se aquieta.

21 A pureza da prata e do ouro é testada
quando levada ao fogo;
A pureza do coração humano é testada
com um pouco de fama.

22 Triture um insensato até o último osso,
e não conseguirá remover dele a tolice.

23-27 Conheça suas ovelhas pelo nome;
seja cuidadoso com o rebanho.
(Não as use como garantia;
as posses não duram para sempre.)
Assim, quando a safra chegar
e a colheita estiver estocada nos celeiros,
Você poderá tricotar lindas blusas com a lã dos cordeiros
e vender suas cabras por um bom preço.
Haverá muito leite e muita carne
para alimentar sua família nos tempos difíceis.

SE VOCÊ ABANDONAR A LEI DE DEUS

28 1 Os perversos são perseguidos pela culpa: estão prontos para fugir
mesmo quando ninguém está atrás deles.
As pessoas honestas são calmas e confiantes,
corajosas como um leão.

2 Quando o país está um caos,
todos têm um plano de ação.
Mas para resolver as coisas
é necessário um líder de visão.

3 Os que oprimem o pobre
são como chuva de granizo que acaba com a colheita.

4 Quem abandona a lei de Deus está livre para se entregar à corrupção;
quem ama a lei de Deus lutará por ela com unhas e dentes.

5 A justiça não faz o menor sentido para o perverso;
os que buscam o Eterno a conhecem nos mínimos detalhes.

6 É melhor ser pobre e sincero
do que rico e falso.

7 Pratique a lei de Deus, e construirá uma reputação pela sabedoria;
saia com uma multidão de perdidos, e constrangerá sua família.

8 Você pode ficar podre de rico,
trapaceando e extorquindo,
Mas no devido tempo um amigo dos pobres
devolverá tudo a eles.

9 Deus não dá a mínima para a oração
dos que não o ouvem.

10 Conduza os justos a um caminho errado,
e as coisas acabarão mal para você;
faça o bem, e você será recompensado.

11 Os ricos pensam que sabem tudo,
mas os pobres é que conseguem ver através deles.

12 Quando os justos são promovidos, é uma maravilha,
mas, quando os maus estão no controle, muito cuidado.

13 Não dá para encobrir os pecados e ir vivendo com eles;
mas, quando você os reconhece e abandona, encontra misericórdia.

14 Quem é compassivo tem uma vida abençoada;
mas quem é cruel tem uma vida difícil.

15 Os leões rugem, e os ursos atacam;
são os perversos agindo como donos dos pobres.

16 O líder que não tem entendimento pratica abusos,
mas quem odeia a corrupção terá um futuro brilhante.

17 O assassino assombrado pela culpa
está condenado: não haverá socorro para ele.

18 Ande corretamente, viva bem e seja salvo;
a vida tortuosa resulta em condenação.

PODE PARECER INOFENSIVO, MAS CAUSA GRANDE MAL

19 Cultive sua horta, e terá bastante comida;
festeje o tempo todo, e terá um prato vazio.

20 O trabalho compromissado e persistente tem sua paga;
esquemas para ganhar dinheiro fácil são pura ilusão.

21 Mostrar parcialidade é sempre uma coisa ruim;
pode parecer inofensivo, mas causa grande mal.

22 O avarento tem pressa de ficar rico,
mas não imagina que acabará falido.

23 No final das contas, a repreensão séria será estimada
muito mais que a adulação do bajulador.

²⁴ Quem rouba o pai ou a mãe
    e diz: "O que há de errado nisso?"
    é pior que um bandido.

²⁵ Uma pessoa precipitada provoca confusão,
    mas a confiança no Eterno produz bem-estar.

²⁶ Se você acha que sabe de tudo, já é um insensato;
    só terá futuro quem aprende a sabedoria com os outros.

²⁷ Seja generoso com os pobres, e nunca passará fome;
    feche os olhos para as necessidades deles,
    e receberá um tiroteio de maldições.

²⁸ Quando a corrupção vence, os justos se escondem,
    mas, quando os desonestos são postos para fora, é seguro sair.

QUANDO SE VÊ O QUE DEUS ESTÁ FAZENDO

29 ¹ Quem odeia a disciplina
    e se mostra cada vez mais teimoso,
Num dia inesperado, verá sua vida desabar,
    mas será tarde demais para receber ajuda.

² Quando os justos têm conquistas, todos ficam contentes,
    mas, quando o governador é mau, todos gemem.

³ Se você ama a sabedoria, alegrará seus pais,
    mas, se andar com prostitutas, perderá a confiança deles.

⁴ O líder que julga corretamente gera estabilidade;
    o líder aproveitador deixa um rastro de devastação.

⁵ O vizinho bajulador está tramando;
    cuidado: ele está planejando tirar vantagem de você.

⁶ Os perversos caem na própria armadilha;
    os justos fogem; e, felizes, escapam para o outro lado.

⁷ Os de coração bondoso compreendem o que é ser pobre;
    o cruel não faz a menor ideia.

⁸ Um grupo de céticos arrogantes pode perturbar uma cidade inteira;
    um grupo de sábios pode acalmar a população.

⁹ O sábio que tenta dialogar com um insensato
    só consegue desprezo e sarcasmo com seu esforço.

¹⁰ Os assassinos odeiam as pessoas honestas,
    mas as pessoas de bem as encorajam.

¹¹ O insensato faz o que quer;
    o sábio pondera com calma.

¹² Quando o líder dá ouvidos a fofocas maliciosas,
    todos os trabalhadores são contagiados pelo mal.

¹³ Os pobres e seus ofensores têm pelo menos uma coisa em comum:
    ambos podem ver — poder enxergar é um presente do Eterno!

¹⁴ A liderança conquista respeito e autoridade
    quando os pobres e os que não têm voz são tratados
    com imparcialidade.

¹⁵ A disciplina sábia transmite sabedoria;
    adolescentes mimados envergonham os pais.

¹⁶ Quando os perversos assumem a liderança, o crime corre solto,
    Mas, um dia, os justos verão o fracasso deles.

¹⁷ Discipline seus filhos, e viverá feliz —
    eles darão a você alegria desmedida.

¹⁸ Quando as pessoas não conseguem ver o que Deus está fazendo,
    elas tropeçam em si mesmas;
    Mas, quando atentam para o que ele revela,
    são as mais abençoadas.

¹⁹ É preciso mais que conversa para manter os trabalhadores na linha;
   meras palavras entram por um ouvido e saem pelo outro.

²⁰ Observe as pessoas que sempre falam antes de pensar —
   até os insensatos se saem melhor que elas.

²¹ Se você deixar que o tratem como capacho,
       depois será desprezado.

   Muito estranho. Ninguém tem isso. A ideia é:
       Quem mima demais seu empregado depois terá problemas.

²² As pessoas geniosas incitam a discórdia;
       o descontrolado instiga a confusão.

²³ O orgulho pode significar o seu fim;
       mas a humildade irá prepará-lo para as honras.

²⁴ Ajude um fora da lei
       e será seu próprio inimigo.
   Quando as vítimas gritarem,
       você estará incluído nas suas maldições
       se for covarde na hora de defendê-los no tribunal.

²⁵ O medo da opinião dos homens pode paralisar;
       a confiança no Eterno o protegerá disso.

²⁶ Todos tentam obter ajuda de quem lidera,
       mas só o Eterno fará justiça.

²⁷ Os justos não podem suportar o mal deliberado;
       os perversos não podem aceitar a bondade.

PALAVRAS DE AGUR BEN JAQUE

DEUS: QUEM PRECISA DELE?

30 ¹⁻² O cético afirma: "Não há Deus!
       Não há Deus! Posso fazer o que quiser!

Sou mais animal que humano;
 a inteligência humana me escapa.

3-4 "Reprovei em 'sabedoria'.
 Não vejo nenhuma evidência de um Deus santo.
 Quem já viu alguém
  subir ao céu e assumir o controle,
  capturar os ventos e controlá-los,
  reunir as chuvas num balde
  ou demarcar os limites da terra?
 Apenas me diga o nome dele ou os nomes dos seus filhos.
 Vamos, diga-me!".

5-6 O fiel responde: "Todas as promessas de Deus dão prova disso;
 ele protege todos os que lhe pedem socorro.
 Então, não o critique;
 ele bem pode testar você e desmascarar suas mentiras".

7-9 Em seguida, o fiel ora: "Deus, peço duas coisas
 antes de morrer, não me recuses:
 Elimina a mentira dos meus lábios
  e os mentirosos da minha presença.
 Dá-me alimento suficiente para viver —
  nem muito nem pouco.
 Se tiver muito, posso pensar que dependo só de mim
  e dizer: 'quem precisa de Deus?'.
 Se tiver pouco, posso vir a roubar
  e assim desonrar o nome do meu Deus".

10 Não denuncie seus companheiros de trabalho
 pelas costas;
 Eles o acusarão de ser dissimulado,
  e você será culpado!

11 Não amaldiçoe seu pai
 nem deixe de abençoar sua mãe.

12 Não pense que você estará purificado
 depois de uma semana sem ser lavado.

¹³ Não seja arrogante:
   nunca pense que é melhor que todos os outros.

¹⁴ Não seja ganancioso,
   impiedoso nem cruel, como os lobos.
   Eles perseguem os pobres e se alimentam deles,
   destruindo o necessitado apenas por diversão.

¹⁵⁻¹⁶ O parasita tem filhas gêmeas
   chamadas Me Dá e Quero Mais.

QUATRO COISAS INSACIÁVEIS

Três coisas nunca estão satisfeitas;
   ou melhor, há quatro que nunca dizem: "Já basta, obrigado!" —

   a morte,
   o útero estéril,
   a terra ressecada,
   a floresta em chamas.

¹⁷ O olhar que desdenha o pai
   e despreza a mãe
   Será arrancado pelos corvos
   e consumido por águias novas.

QUATRO MISTÉRIOS

¹⁸⁻¹⁹ Três coisas me maravilham;
   ou melhor, há quatro coisas que eu nunca entenderei —

   como a águia voa tão alto no céu,
   como a cobra desliza sobre a rocha,
   como o navio navega pelo oceano,
   como os adolescentes namoram.

²⁰ A prostituta age assim:
   faz sexo com o cliente,
   Toma um banho
   e depois pergunta: "Quem é o próximo?".

QUATRO COISAS INTOLERÁVEIS

²¹⁻²³ Três coisas são intoleráveis demais até mesmo para a terra;
sim, quatro coisas balançam suas fundações —

o faxineiro que vira chefe,
o insensato que fica rico,
a prostituta eleita "a mulher do ano",
a "namorada" que toma lugar da esposa fiel.

QUATRO PEQUENAS CRIATURAS

²⁴⁻²⁸ Há quatro pequenas criaturas
que são mais sábias que os sábios —

as formigas — frágeis como são,
ajuntam comida para o inverno;
os coelhos — vulneráveis como são,
fazem da rocha seu lar;
os gafanhotos — insetos sem líder
que, ainda assim, arrasam o campo como um exército treinado;
as lagartixas — fáceis de capturar,
mas que passam sem ser vistas pelos guardas do palácio.

QUATRO DIGNITÁRIOS

²⁹⁻³¹ Há três seres no mundo,
quatro que impressionam por seu comportamento —

o leão, rei das feras, não cede a ninguém;
o galo, orgulhoso e imponente;
o bode;
o chefe de Estado em marcha triunfal.

³²⁻³³ Se você é tolo o bastante para chamar atenção para você mesmo
com ofensas e grosserias,
Não se surpreenda se alguém fizer seu nariz sangrar.
Leite batido vira manteiga;
provocação vira briga.

DEFENDA A JUSTIÇA

31 ¹ As palavras do rei Lemuel,
o importante conselho que sua mãe deu a ele:

²⁻³ "Meu filho, o que você está pensando?
Filho que gerei e dediquei a Deus!
Não esbanje seu vigor com caçadoras de fortuna,
mulheres promíscuas que desgraçam os líderes.

⁴⁻⁷ "Os líderes não podem agir como tolos,
enchendo a cara de vinho e de cerveja,
Sob o risco de perder a noção de certo e errado
e prejudicar o povo que depende deles.
Use o vinho e a cerveja apenas como sedativos,
para eliminar o sofrimento e atenuar a dor
Do doente terminal,
para quem a vida já é estar na morte.

⁸⁻⁹ "Defenda os que não têm voz
e os direitos dos excluídos.
Defenda a justiça!
Aja em favor do pobre e do necessitado".

UM HINO À MULHER DE VALOR

¹⁰⁻³¹ Uma boa mulher é difícil de encontrar,
ela vale muito mais que diamantes.
O marido confia nela sem reservas,
e disso nunca se arrependerá.
Ela não é irritada e o trata muito bem
por toda a vida.
Ela compara os preços, em busca dos melhores fios de lã e de algodão,
e se alegra em tricotar e costurar.
Ela é como o navio mercante, que navega até os lugares mais longínquos
e traz surpresas exóticas.
Ela se levanta antes do amanhecer, prepara o café da manhã
para a família e organiza seu dia.

Examina um campo e o compra e
>   depois, com o dinheiro que poupou, planta uma horta.

A primeira coisa que faz de manhã é vestir-se para o trabalho:
>   ela arregaça as mangas, ansiosa por começar.

Compreende o valor de seu trabalho
>   e não tem pressa de dar o dia por encerrado.

Ela é habilidosa nos serviços do lar e da família,
>   proativa nas tarefas da casa.

Ela não demora para acudir os que estão com necessidade;
>   estende a mão para socorrer o pobre.

Ela não se preocupa com a família quando neva;
>   suas roupas de inverno estão todas consertadas e prontas para uso.

Ela mesma faz as roupas que usa,
>   e se veste de roupas de linho coloridas e vestidos de seda.

Seu marido é muito respeitado
>   quando se reúne com as autoridades locais.

Ela desenha vestidos e os vende,
>   leva blusas que tricotou para as lojas de roupas.

Suas roupas são benfeitas e elegantes,
>   e ela sempre encara o dia de amanhã com um sorriso.

Quando abre a boca, sempre tem algo importante a dizer
>   e sempre o diz com toda gentileza.

Ela é atenta a todos os de sua casa
>   e mantém todos eles ocupados e produtivos.

Os filhos a respeitam e dela falam bem;
>   o marido não economiza elogios:

"Muitas mulheres têm feito coisas maravilhosas,
>   mas você superou todas!".

O encanto pode enganar, e a beleza logo desvanece.
>   A mulher que merece admiração
>   é a que vive no temor do Eterno.

Dê a ela tudo que ela merece!
>   Adorne sua vida com elogios!

VERDADES REVELADORAS

VERDADE REVELADORA 1: *Comece com os fundamentos e apegue-se a eles.*

VERDADE REVELADORA 2: *Não olhe apenas para seus dons naturais, mas focalize sua energia em administrar todos os recursos disponíveis.*

VERDADE REVELADORA 3: *Decida pôr Deus antes de qualquer outra coisa na sua vida.*

VERDADE REVELADORA 4: *Dê seu coração a Deus e canalize suas paixões em direção ao seu crescimento pessoal.*

VERDADE REVELADORA 5: *A integridade começa no lar. Aprenda a ser uma pessoa de palavra e apegue-se ao seu compromisso ainda que você não sinta mais nada.*

VERDADE REVELADORA 6: *Espere pacientemente em Deus pelo seu sucesso, e ele dará resultados maiores do que você conseguiria alcançar com seu próprio esforço.*

VERDADE REVELADORA 7: *Que o foco da sua vida esteja em uma missão com significado que inspire sua disciplina pessoal e uma mentalidade única. Não se entregue a paixões impróprias.*

VERDADE REVELADORA 8: *Escolha cultivar seu ser interior e não sacrifique seu caráter na busca do sucesso.*

VERDADE REVELADORA 9: *Estabeleça seus propósitos na vida e se esforce a cada dia para alcançá-los.*

VERDADE REVELADORA 10: *Determine que a honestidade será uma marca da sua vida e seja escrupulosamente atento a mantê-la o tempo todo, não importa quanto isso custe.*

VERDADE REVELADORA 11: *Trabalhe para desenvolver um coração generoso para com os outros e, ao fazê-lo, estará beneficiando você mesmo.*

VERDADE REVELADORA 12: *Aprenda a usar o poder da sua língua e a use para o bem.*

VERDADE REVELADORA 13: *Atrair a atenção para si mesmo pode ser bom para os negócios, mas a vida simples é boa para a sua alma.*

VERDADE REVELADORA 14: *Escolha seus amigos cuidadosamente.*

VERDADE REVELADORA 15: *Humilhe-se diante de Deus, e ele o exaltará.*

VERDADE REVELADORA 16: *Quando fizer planos, não deixe Deus fora da fórmula. Esta é a única parte que faz sentido.*

VERDADE REVELADORA 17: *O perdão é uma força perfeita nas mãos dos que foram ofendidos.*

VERDADE REVELADORA 18: *Aprenda a ouvir e descubra a vida.*

VERDADE REVELADORA 19: *Nunca desista, não importa quão escuras sejam as nuvens sobre sua cabeça. Deus tem um plano para você que trará uma alegria insuperável.*

VERDADE REVELADORA 20: *Sua raiva descontrolada pode dar a você um momento de satisfação, mas uma vida inteira de arrependimento.*

VERDADE REVELADORA 21: *Mero ativismo não é necessariamente sinal de vida.*

VERDADE REVELADORA 22: *Avalie suas decisões com cuidado. Você pode manchar uma vida inteira de realizações em um momento de pressa.*

VERDADE REVELADORA 23: *Olhe por baixo da superfície — as pessoas e circunstâncias nem sempre são o que aparentam ser.*

VERDADE REVELADORA 24: *Não inveje o sucesso do mundo, pois é como uma corrente da morte.*

VERDADE REVELADORA 25: *Faça sempre o seu melhor, sabendo que Deus o exaltará e nunca o deixará cair.*

VERDADE REVELADORA 26: *Tanto quanto a paz estiver no seu interior, esteja em paz com todos.*

VERDADE REVELADORA 27: *Entregue-se aos que você ama; confie neles para ser fiel e aceite o que disserem sobre sua vida, como faria com qualquer outra atitude de amor.*

VERDADE REVELADORA 28: *Não coloque todos os seus ovos em uma única cesta. Plante muitos atos de valor ao longo da sua vida, e você ficará maravilhado com a colheita quando estiver velho.*

VERDADE REVELADORA 29: *Um líder bem-sucedido sabe como administrar os que estão sob sua autoridade e deseja fazer o que é certo para eles.*

VERDADE REVELADORA 30: *Não permita que o amor ao dinheiro cegue sua vida para o que é verdadeiramente importante ou valioso. O dinheiro é apenas uma ferramenta — ele não o torna rico.*

VERDADE REVELADORA 31: *Celebre a excelência e descubra um mundo de oportunidades da parte de Deus.*

ÍNDICE DE ASSUNTOS

ASSUNTOS	TÍTULO	PROVÉRBIOS
Ambição	*Marcando pontos*	25.4-7
Amigos	*O último a deixar você cair*	14.1-8
Amor	*O amor fere*	27.5-9
Aparências	*A dor dos reis*	23.1-8
Atalhos	*Não consigo chegar lá*	29.15,17,21,26
Conhecimento	*Coisas pequenas são importantes*	2.1-5
Dinheiro	*Dois cegos*	30.8,9
Distrações	*Ela vai roubar seu coração*	7.4-10
Escolhas	*A rua onde você mora*	8.12-16
Excelência	*Uma descrição perfeita de liderança*	31.10-12,28,29
Falar	*Gosto amargo na boca*	12.13-19
Fidelidade	*Pouco com Deus é muito*	28.18-20
Fundamentos	*Caminhe antes de correr*	1.1-9
Generosidade	*Conseguindo o que você precisa*	11.24-26
Honestidade	*Isso vai afundar sua vida*	10.1-7
Humildade	*O caminho para cima*	15.10-12,14-17
Integridade	*Mantendo um lar firme*	5.21,22
Inveja	*As correntes de Marley*	24.1-6,19,20
Ira	*Lidando com a raiva*	20.1-3
Ouvir	*Fugindo do inferno*	18.13-17
Paciência	*Com pneu furado na via expressa*	6.1-5
Paixão	*O coração da matéria*	4.23-27

ASSUNTOS	TÍTULO	PROVÉRBIOS
Paz	*Um pedaço do céu*	26.17-21
Perdão	*O rei das virtudes*	17.1,9,14-17
Persistência	*Nunca desista!*	19.7
Planejamento	*Se eu soubesse naquela época o que eu sei hoje*	16.1-5,9
Prioridades	*Quem vem primeiro?*	3.5-10
Produtividade	*Vivendo plenamente*	21.1-5
Propósitos	*Por que você está aqui?*	9.3-6
Prudência	*Pare. Veja. Ouça.*	22.26-27
Simplicidade	*Sejamos verdadeiros*	13.7-10

SOBRE OS AUTORES

EUGENE H. PETERSON

Eugene H. Peterson é pastor, erudito, escritor e poeta. Depois de lecionar em um seminário e de dedicar quase trinta anos ao pastorado de uma igreja na região de Baltimore, EUA, criou *A Mensagem* — uma vibrante paráfrase da Bíblia que fala aos leitores de hoje como nenhuma outra.

Foram necessários dez anos inteiros para que Peterson a completasse. Além de trabalhar com base nos textos originais em hebraico e grego, para garantir sua autenticidade, o autor estava sempre atento à cadência e ao ritmo do inglês contemporâneo. O mesmo esforço houve na tradução para o português.

Eugene e a esposa, Jan, vivem atualmente em Montana, sua terra natal. O casal tem três filhos e seis netos.

DANIEL SOUTHERN

Daniel Southern ama observar as pessoas, aprender com elas e experimentar o que Deus lhe tem proporcionado na vida. Deus o moldou durante os anos como atleta, viajando para Billy Graham e liderando a American Tract Society. Sua família, ministério e igreja local estão entre suas prioridades. Como formas de lazer, Dan gosta de fazer churrasco no quintal com a família e de desfrutar uma boa conversa com amigos tomando um café bem quente. Natural do Michigan, Dan atualmente vive no Texas.

LEIA TAMBÉM

Vida

Liderança Corajosa
BILL HYBELS

Os líderes das igrejas locais têm o potencial de ser a mais influente força do planeta! Pela graça e capacitação de Deus, eles devem saber dosar ousadia, determinação e sensibilidade no exercício do ministério.

Liderança corajosa é o livro mais importante que Bill Hybels já escreveu. Ele compartilha suas experiências e o que aprendeu sobre liderança cristã em mais de trinta anos à frente da Igreja Willow Creek.

Os leitores conhecerão ideias pioneiras para desenvolver uma equipe forte e inspirar outros líderes. Aprenderão a identificar seu estilo de liderança, descobrindo ainda o poder da visão e de que forma podem transformá-la em ação eficaz. Torne-se um líder corajoso... segundo o coração de Deus!

Liderança: inspiração para cada dia do ano
JOHN C. MAXWELL

Líderes existem para ajudar as pessoas a se tornarem quem Deus as criou para ser. Não é fácil! Muita gente depende de você: família, amigos, igreja, o mundo dos negócios, as comunidades...

Enquanto outros dependem de você, de quem você pode depender? A resposta é: Deus, o líder supremo!

Este devocional diário foi projetado para conectá-lo com Deus, abastecê-lo todos os dias à medida que você enfrenta novos desafios.

Separando alguns minutos para certificar-se de estar seguindo o Líder supremo e aprendendo suas lições de liderança, sem dúvida você iluminará o caminho que o leva — e a seu povo — aonde só Deus pode conduzir, pois qualquer pessoa pode seguir um caminho, mas só um líder é capaz de iluminá-lo.

Esta obra foi composta em *ITC Usherwood*
e impressa por Imprensa da Fé sobre papel
Offset 70 g/m² para Editora Vida.